史建富 / 著

说"道"
做 到

美容企业的
经营管理之道

上海社会科学院出版社
SHANGHAI ACADEMY OF SOCIAL SCIENCES PRESS

目 录

前 言 /001

第一章 理念决定行动 /001

无处不在的认知偏见 /003

亟须升级的美容院老板理念 /014

五流模型 /032

五化建设 /047

数据化利器 SaaS 软件系统 /057

第二章 开业与运营 /075

开业三件事 /077

开门三分清 /083

时间投资与工作日程表 /097

109 第三章
团队的组建与培养

好企业家 /111

好干部 /122

领导艺术 /140

团队打造 /146

员工激励 /165

员工沟通 /179

189 第四章
资本化之路与股权（期权）激励

资本化之路 /191

股权（期权）激励 /196

205 第五章
关店一身轻

关店的两种模式 /207

附件一：股权激励方案（样本） /213

附件二：伙伴成就计划/创投计划（样本） /226

附件三：美容美发业管理暂行办法（商务部令 2004 年第 19 号） /238

附件四：美发美容业开业的专业条件和技术要求（中华人民共和国行业标准 SB/T10270-1996） /242

参考文献 /248

致　谢 /251

前　言

"君子爱财，取之有道"，但何为"取财之道"却众说纷纭，因为每个取财之人皆自诩为君子，都以为己道就是正道。正所谓"道不同，不相为谋"，然而众人各自之道归结起来可为三道：天道、人道和地道。天道即形而上的自然及人文社会运行的客观规律，人道是为人处事之道、人性之道，地道乃形而下的落地之术、趋利避害之小道。古代社会中家庭是社会最基本的细胞，而现代经济社会中企业是经济活动的最基本细胞，它成为人们取财的媒介和平台。企业是人的聚合，其运营靠人，而其终极目的也是人的自我实现——物质的及精神的实现。运营企业要遵循道，而企业运营的终极目的也要归于道。

《论语》上讲"子绝四：毋意，毋必，毋固，毋我"，圣人尚且如此自知、自省，当代企业的运营者也应虚心自问是否真的将企业引上了康庄大道。随着科技、经济、政治、文化的快速演化及颠覆，个人及企业都面临着前所未有的不确定性和风险，无论

说"道"做到：
美容企业的经营管理之道

人们如何费尽心机、小心翼翼地构建护城河，都无法让不确定性和风险遁于无形。无论多么乐观的企业领导者都必须直面不断涌现的风险，并承认自己创办的企业必然从诞生走向消亡的现实，那些坚持自己的企业是常青藤的创业者无非是为自己不懈奋斗寻找理由：他们已将自己与企业视为一体，并在企业成长过程中享受成功的荣耀，他们通常坚信在自己有生之年会一直领导着企业走向下一个辉煌。理性告诉我们，要以终为始，企业领导者要做好企业全生命周期的规划，不仅要以一往无前的决心开疆拓土、创建企业，还要勇敢地面对自己所创办企业的衰落及消亡，遵循客观之道方能善始善终。本书所探讨的"道"是所有企业都需面对和思索的，具有普遍意义。本书以美容行业的具体业务作为示例进行探讨，一是通过具体的"术"让形而上的"道"鲜活起来，二是让读者在真实的经营场景中感受"道"的无处不在而又大象无形。

本书希望就企业经营之道探讨一二，然而企业经营就是经营人，因此不可避免地围绕人而展开。马克思说："人的本质不是单个人所固有的抽象物，在其现实性上，它是一切社会关系的总和。"本书力争从各种关系的角度来讨论运营，探讨作为人的集合体的企业。人是理智与情感的混合体，而作为人的集合的企业也常常在集体无意识的海洋中跌宕起伏，正是基于此，企业也要像人一样需要道的指引。本书意在建议大家一起学道、识道、思考道，并遵道而行，特别是企业领导者要在日常管理运营中想着道,这样企业就能赚得到,在实现良好的经济效益的同时实现良好的社会效益,并最终回归、回馈于人本身。

  本书写于疫情肆虐而被封闭家中的时光。疫情把人们与外界隔离,但信息却如潮水般涌来,它们使人困惑、困倦。我们因困惑而质疑,因质疑而抱怨,因抱怨而嗔怒,经济的困顿与精神的压抑让人躁动不安。但是,没有任何力量能够熄灭我们的希望,除非我们自己放弃;没有人能够打压我们的信心与幽默,除非我们自己选择了悲观。在这段非常岁月中,唯有陪伴我们的家人是飘摇的心可以歇息的港湾,可与之欢笑也可与之哭泣。疫情禁锢了我们的身体,却封闭不住我们的思维。笔者将多年来的所见、所闻、所做、所感诉诸文字,并希望与读者共享经验与教训。许多人写书、写文章主要是有所言而欲与众共享,希望个人的一点心得和知识能为社会共有,为社会作些贡献。这正如笔者在2007年发起、组织和资助的励志支教公益活动——"启程下一站",其活动宗旨是到中国偏远农村去传播"知识改变命运"的理念。该活动业已持续14年,每年活动前笔者都会跟支教团队成员言明,所有参与活动的孩子都会知晓这个理念,但我们不能奢求参与活动的几十个或上百个孩子都有所触动并进而有所行动,只要参与活动的孩子中有一个或两个受到感动,力争通过努力学习、凭借自身奋斗创造美好生活,那此次活动就已成功,足以慰藉所有队员的无私付出。出版书籍也与公益活动类似,是作者将自己的理念贡献给社会的共享行为,书籍是信息传递的载体,但读者是否认同作者的观点并从中受益则与书籍本身内涵及受众认知相关。

当今时代最不缺乏的是信息，信息爆炸时代无需担心没法获得信息，而恰恰是信息过载让人担忧。如果本书能拨动读者的心弦并赢得会心一笑，则笔者欣慰不已。如果有读者受到启发而有豁然开朗之快意，实为笔者之大幸，并窃以为此乃上天额外之馈赠。

2022年5月于上海川杨河畔

第一章
理念决定行动

认知决定思路，思路决定行动，行动决定出路。任何企业，领导人的理念直接决定了企业发展的高度和持久度。企业要想实现可持续性增长，实现长久价值创造，则必须摒弃旧的理念，纠正认知偏差，寻求新思路，找到更快、更稳、更久的发展之道，以便在激烈的市场竞争中立于不败之地。中国美容业已蓬勃发展了几十年，在起起伏伏的商海竞争中淘汰了众多老板，但也大浪淘沙铸就了许多成功的老板。随着整个美容行业走出野蛮成长期，如何实现良好的管理与运营已提上每个美容机构的日程，这迫切要求美容业老板更新认知、拥抱新的理念。

无处不在的认知偏见

知人者智，自知者明。我们每个人都时刻在解读他人，并试图探究他人行为的动机，预测他人未来的行为。人们在观察他人的行为时，习惯性地将其归因于内部因素或者外部因素。内因导致的行为是指一个人可以自行控制的行为，外因导致的行为是指外部环境因素而使一个人被迫采取的行为。如果一个人的绩效连续十几个月都是稳定的，忽然出现一个月的下滑，则我们推测可能是由于该员工个人努力程度或心情不佳等内部因素导致的，也可能是由于市场环境变化或企业产品质量波动等外部因素引起的。如果与同部门相同岗位的同事相比，该员工出现的业绩下滑是个别现象，则我们通常会判定这是其内部原因导致的。显然，人们对他人行为进行归因时，不自觉地将他人的行为与其过往的行为进行对比以及与从事相同工作的其他人的行为对比,并据此做出内部归因或外部归因的判断。我们在解释自己的行为时也遵循同样的逻辑。

一、认知捷径与局限

有认知就有偏见。即使内心最公正的法官在具体案件中也会带有偏见,司法自由裁量权就是理性与偏见博弈的公差范围。最了解孩子的父母也会对自己的儿女存在认知偏见,更多的是过高估计自己孩子的能力与品德,否则就不会有那么多望子成龙、拔苗助长的父母。人们常常存在归因错误或偏见,例如,我们评价别人的行为时更倾向于低估外因的影响而高估内因或个人因素的影响。这就可以解释,公司业绩下滑时老板更倾向归因于员工的不努力,而不是市场环境发生了变化。这也可以解释,一个员工离职时管理者更倾向归因于员工自身能力不足或不适应组织文化,而不是反思公司恶劣的人际斗争及缺乏竞争力的薪资。此外,当个体或组织对自身行为进行判断时,则更倾向于将成功归于内因(比如能力、经验或努力等),而把失败归因于外因(如同事、他人、市场环境、政治变动等),这被称为自我服务偏见。

人的大脑在有限的时间内只能处理有限量的信息,否则将陷入信息过载的陷阱并可能导致崩溃。人们自觉或不自觉地在判断他人时采取捷径,并试图简化判断的程序、降低判断的难度,但这些捷径却可能导致人们走向歧途。

（一）选择性知觉

我们不可能感知自己所看到的所有信息，而更倾向认知个别信息，这些个别信息通常是自己感兴趣或有意识关注的信息。为什么人们更可能关注到街上与自己相同的汽车或者穿同样衣服的行人？为什么有人因为迟到而受到领导的批评，而其他迟到的人却没被领导处罚？这些都可能是选择性知觉的例证。一家美容企业中的一线美容师认为他们的工作最重要，店长认为自己的管理、协调工作最重要，财务部人员则可能认为资金、账务工作才是至关重要的。每个部门的人员所感知的信息都与其承担的职责密切相关，人们对自己工作的感知会有选择性地与他们所代表的利益、立场保持一致。人们只能接受和处理有限的信息，这些信息是基于自身的情感、经验、知识和背景而进行的下意识选择。选择性知觉使人们见到树木而推测了森林，并据此快速认知人和事，其提供了捷径并提高了效率，但却失之于以偏概全，根本原因就是我们看到的是我们想看到的东西，我们感知的通常是我们愿意感知的事物。上面各个不同部门的人都认为本部门（或本人）工作最重要的例子中，一方面是由于每个人都选择性地感知自己所从事的工作，而无视其他人的工作；另一方面，自我服务偏见也让人更倾向于将组织的成功归于自身。

（二）晕轮效应

"一俊遮百丑"可谓是晕轮效应的最佳注解。我们以某个人的某一特征（例如外貌、学识、地位）为基础从而形成对其整体印象时，我们实际上就受到了晕轮效应的影响。人们通常认为漂亮的女士会更温柔、贤惠，相貌堂堂的男士也必然是个正人君子，但事实可能并非如此。在某些人眼里，能豪饮的人应该比较豪爽大气，但在现实中两者没有必然联系。在企业绩效考核时，如果管理者对员工的某一绩效指标评价较高，则就会对此员工其他绩效要素的评价也比较高，尤其是对于平时给管理者留有良好印象的员工，晕轮效应的作用可能更明显。平时给领导留下良好印象的员工，在年终绩效考核时绩效成果可能并没有领导以为的那么好，但在没有严格绩效评估标准、程序及对绩效考核人进行监督的情况下，领导可能会给予员工超出实际业绩成果的评价以保持与自己认知的一致性。

（三）刻板印象

人们通常对某一类人或事物有着比较固定和笼统的认知，当进行判断时，就将其归类并据以作出判断。这种概括手段能够帮助人们快速决策，节省了大量时间和精力，从而使复杂的世界变得简单。但这种概括手段忽略了个体差异，如果概括错误或者概括过于宽泛，就会导致错误或偏差。许多人认为内蒙古人一定是高大强壮的，但许多内蒙古人并不比南方人健壮。上海人被许多地方的人贴上精明、自私的标签，但实际上许多上海人热衷于公益事业。在职场上，认为女性的效率和领导力不如男性的刻板印象使得许多业绩与男性旗鼓相当的女性被贴上"女强人"的标签，以强调弱女子成为强人这一非同寻常的事实。刻板印象非常普遍而且根深蒂固，以致在中国会出现地区歧视，在国际上对不同国家或种族的歧视性评论也多数受到刻板印象的影响。

在企业的面试中，面试官通常会根据其对应聘者所在群体的印象来对应聘者作出判断。例如，认为学理科的人会更加呆板和循规蹈矩，学文科的人更加灵活和喜欢创新；认为日常参与足球运动的人更加充满活力，并具有团队精神；认为肥胖者不适应奔波、劳苦的工作。有的企业老板公然宣称不招聘户籍是某个省份的人员或者某些学校的学生，这都是刻板印象的极端例子。

（四）类我效应

"物以类聚，人以群分"。人们对与自己相似的人或事有着天然的好感和同情，这可以解释为什么相似的人更易于聚到一起。在组织中类我效应可能产生较大偏差，例如在面试中面试官会对校友、老乡有着天然的亲近感，从而使面试有失公允和客观。在一些组织中，领导者跟那些与自己有相同爱好的人关系更亲密，例如喜欢喝酒与打麻将的领导，就会与有同样爱好的下属关系更紧密，虽然这些下属的业绩并不好，但领导仍可能给予其较高的评价。

二、认知偏见及纠正

以上认知捷径有助于人们快速决策，但可能导致失真及偏见。因为人类信息处理能力的有限性，我们不可能收集、分析及理解所有信息并作出最优决策，我们只能无限接近完美和理性，只能作出相对完善和我们认为可以接受的决策。有限理性决策是我们基于自身对事物重要因素及关键点的认知所作出的自认为合适的决策，其不是最优解，却是我们可以接受的或自认为合理的方案。有限理性决策是基于决策人的经验、知识、资源和情感等因素作出的部分理性决策，决策人节省了时间、精力和金钱，在许多情况下能够解决问题，但有时候也会在理性方面造成严重偏见。

（一）过度自信偏见

自信是人能够有所成就的基础，是企业家和创业者所必需的人格。然而过度自信却是作出正确决策的障碍，它与刚愎自用成为孪生兄弟。一些成功的企业创始人具有过度自信的倾向，他们认为过去的成功已经证明了自己的一贯正确性，未来将持续证明自己的正确。与其说他们具有过度自信的倾向，还不如说他们还没遭受因此而导致的毁灭性打击，暂时处于成功状态。如果企业家对自己的谋划过度自信，就不会认真设计应对失败的方案，从而在某个重大决策失误时导致满盘皆输。所谓"骄兵必败"就是过度自信的一个例证。

（二）易得性偏见

人们常常基于容易获得的信息作出判断，特别是那些生动的、最近发生的事件更容易从人的记忆中被提取出来，因而更可能高估那些发生可能性不大的事件。媒体连篇累牍地报道一场空难，使我们高估空难概率和死亡人数，并对乘坐飞机旅行的安全性产生担忧,但实际上汽车车祸的死亡人数远远大于空难,只是媒体没有对司空见惯的车祸进行报道从而不能将鲜活的信息植入我们记忆之中。

员工的一次生动年会表演可能给老板留下的印象比日常默默地辛勤劳动更深刻,因为表演更生动也更容易被老板回忆起来。在组织业绩评估时,管理者对员工最近的行为表现而非半年以前的行为给予更高关注或赋以更大权重,因此,如果组织没有基于数据的、完善客观的绩效评估体系,则管理者的主观判断就成为主导,管理者就会根据其对员工的最新记忆进行业绩评估。通常而言,对于相同的年度业绩成果,在评估日前三个月表现突出的员工比年度前三个月表现突出的员工更可能获得较高的评价,不是因为业绩量有何差异,而是对于管理者而言,其已不能从相对较远的记忆中提取信息。

(三)验证偏见(证实陷阱)

所谓"忠言逆耳"就是验证偏见的最好例证。在实践中,我们都是有选择地而非客观全面地收集信息,当这些被筛选的信息用于支持我们的决策时,我们容易忽视那些与自身判断相冲突的证据。为了保持自我同一性,一个人不会成为自己的绝对背叛者,大多数人的自我批判无非是不突破自己底线的自我疗养而不是刮骨疗伤。人们不会全力以赴搜寻推翻自己判断的证据——如果人们真的认为存在可以推翻自己判断的证据,那么何必还要做出这样的判断呢?当我们作出某一判断时心中已认定其可行性及正确性，我们征求意见和搜寻信息不是证实自己的错误和无能，而是要验证自己的聪明才智。一个过度自信的人更容易陷入证实陷阱，正是因为相信自己一贯正确，所以收集的信息也就是证明自己正确的信息，对于相反或不利的证据会视而不见或赋予其较低影响权重。

组织常在进行重大决策时任命内部人员或聘请外部专业咨询机构制作可行性研究报告，由于是"可行性"研究而非"不可行性"研究，因此，研究人员都更倾向于寻找有力证据以支持决策，而不是收集信息否决决策。如果一家咨询公司经常给客户出具不可行结论的报告，可以想见，该公司将面临能否存续的挑战。如果企业老板作了一个决策，下属总是找到许多不利的信息及反对的理由，那么老板会认为下属故意与自己作对，即使决策最终如下属事先提醒的一样以失败告终，老板也通常会将失败归因于外界而不会承认自己的失误。

（四）非理性的承诺升级

当人们面对一系列抉择时，许多人倾向于坚持最初的决策，尽管此时已有明显的证据显示该决策是不明智的。在实际生活中，当我们对一件事投入很多时间、精力或金钱时，我们在面对新的不利信息时，不愿改变自己的认知，会坚持加大投入以便证明最初的决策是正确的，或者不愿意放弃沉没的成本，希望加大投入以达成最初的目的。股民在股市持续下跌已突破成本线的情况下，许多人会选择补仓而不是卖出股票，主要的心理是已经投入那么多成本，卖出就会出现净亏损，如果加仓可能会在股价反弹时减少亏损甚至实现盈利。但实际上，可能在不断加仓时股价仍在继续下跌，沉没成本越来越高，也越来越不想卖出。创业者在某一项目上投入大量金钱和精力，虽然市场反馈项目已无前景，但创业者可能会继续投入，一方面是对自己创办项目的不舍，另一方面是因为希望再坚持下去以创造新的机遇和期待环境发生有利转变，更重要的是，继续追加投入常常是为了证明自己最初的决策是正确的。

（五）知识祸因

一个人在评估他人所拥有的知识时，会由于自己拥有他人所没有的知识而高估他人的知识水平和认知能力。父母辅导孩子作业时通常会大发雷霆，质问孩子如此简单的作业为何不会做，甚至直接斥责孩子为何这么笨。一个年纪很小的电子游戏高手会取笑自己的父母竟然通不过一个简单游戏的第一关。老板交代了任务，下属做了许久，老板发现根本不是自己想要的，于是怒发冲冠，指责下属怎么这么笨，连这么简单的事都做不成。常言道"会者不难，难者不会"。当人们判断他人知道多少时，通常以自身情况为基础作出不公正、不客观判断。人们总是假定向别人传递的模糊信息会被他人轻易理解，因为这些信息对他而言是如此清楚、明确，但事实上同样的事对于别人而言却是模糊、复杂以及难以掌握的。组织中大部分争议与分歧是由于不能清晰沟通造成的，部分是由于人们错误地相信他人能够理解自己给出的模糊信息，并且以为他人知道、理解或有能力去做。

偏见与个体和组织的决策如影随形。对于个人而言，成功的过去及经验会使我们更加自信，更倾向于证明自己的正确并依据自己的知识衡量他人的水平。过去的成功可以指引未来的方向，但也会成为循规蹈矩的负累。我们更关注我们接受的信息，更倾向于认知接受的事物。

多元化及具有民主化氛围的组织有助于减少群体认知偏见，但是，群体有对个体有限理性中的非理性因素放大的效应，也就是说，如果群体决策发生偏见则会比个体偏见更加严重或极端。乌合之众就是集体无意识及偏见的结果，虽然乌合之众中的个体可能是自觉的、理性的，但集合到一起就出现极端的偏见，此外，群体中的领导者及精英分子往往领导潮流并激励、影响群体成员的行为，这些领导及精英分子的认知偏见更加可能转化为群体偏见，遑论有些人别有用心地利用群体偏见去实现个人目的。

纠正偏见的第一步是承认偏见的存在，无论是个人或群体都要对认知偏见保持清醒的认识，并在实践中时刻反思是否落入偏见的陷阱。在决策及执行过程中要注意异常信息，特别是那些与自己的信念和最初假设相矛盾的信息，这样才能全面地收集可能导致失败的各种不利证据，并及时应对可能的风险。要时刻铭记"兼听则明，偏信则暗"，对待异议要平心静气地分析和讨论，并谨慎地反思当初决策的基础和假设是否因为内部因素及外部环境发生了变化而需要调整和修正。坚守初心和坚持不懈是无数成功的基石，但偏见会使我们偏离正确的轨道和目标。

  因此，人们要向把自身想象得更聪明的倾向作出挑战，在痛苦的自我思想斗争中寻找更加接近理性的认知。组织中的领导者还要包容分歧，即那些与领导者品位和人格不完全合拍但却不与组织价值观及文化发生根本冲突的思想及人员，并将其视为多元化组织不可或缺的一部分。强大的企业文化可把组织成员塑造成整齐划一的群体，有助于提高组织的战斗力，但同时也会导致组织的僵化，内部听不到不同的意见，并把偏离主流文化者都视为异端。僵化的组织无法进行有效创新，在面对高度不确定性的情境时无法进行有效调整，惯性将把组织带向失败的泥潭。鲶鱼效应告诉我们，鲶鱼对小鱼而言不仅是猎食者，更是激活其求生能力的励志者。组织中也要有鲶鱼，否则组织成员将一团和气并进而导致组织死气沉沉，在万马齐喑的情况下组织将丧失活力，在激烈的竞争中因缺乏灵活的战略战术应对挑战而陷入困顿。

亟须升级的美容院老板理念

中国美容业经过几十年的迅猛发展，已形成万亿元的市场规模，从业人员也超过2 000万人。行业的发展离不开美容业创业者的辛勤打拼，伴随行业的发展壮大也成长出一大批优秀的企业家，他们为行业发展贡献了智慧并形成美容业经营所独有的一些理念。随着整个美容行业步入相对成熟期，以及整个经济环境不确定性增加，加上顾客群体的消费理念发生变化和维权意识不断提高，美容院面临着诸多关乎生存与发展的挑战，因此，实现管理与运营的迭代升级已提上每个美容机构的日程，这首先要求美业老板更新认知、拥抱新的理念。

第一章
理念决定行动

一、别把自己的几家门店误当连锁店

美容业的老板都是从一两家门店开始创业，待到经营稳定后大部分老板都会开始扩张之路，都想开更多的店、做更大的规模，"连锁美容店"是他们的梦想。有许多老板开了三四家或七八家美容店，就自豪地向外界宣扬"我在经营连锁美容店"。平心而论，如果门店的数量是十家以内，或者虽然超过十家但老板认识所有的店长和员工，重要顾客都是老板自己维护，这都算不上严格意义上的连锁店。连锁机构是以品牌为纽带、以强有力的管理和运营为锁链的强中心化组织。之所以说上述情形的门店不是严格的连锁机构，是因为这些门店都是老板个人能力范围之内进行独自管理和运营的美容店，老板充其量是位管理多家门店的大店长，其无须建立健全的管理体系和团队，门店运营都依赖于老板个人能力和喜好而非连锁经营组织体系。要成为真正的连锁机构就必须建立管理队伍、支出额外成本，在自身体量无法承受该等成本情况下就以连锁机构模式运营，必然导致效益下降，企业无法持续发展。在实践中有些美容企业，原本老板就只能胜任现有门店管理，只是为了博得连锁之名或者为了连锁之梦，盲目扩大管理队伍，增加管理层级，最终导致人浮于事，成本虚高，内耗丛生，得不偿失。

当一个老板决定经营连锁机构之时，不妨拷问一下自己的内心：是否有合适的人员组成团队进行连锁机构的管理和运营？现有门店是否已挖尽潜力还是必须增加数量、扩张规模才能实现发展？实践经验警示，不要为了做连锁而做连锁，连锁需要强大的管理中心、齐备的运营团队，需支出巨额的资金成本和时间成本，在没有做好充分的思想和物质准备前，最现实的思路是经营好现有的门店，培训好人才，待人才成长后再谋求规模化扩张，谨记"广积粮缓称王"。

二、别把收现业绩当作盈利

美容店经营的一个重要特点就是预收费制，这使得美容院得以实现良好的现金流，加之美容院普遍实行按收现业绩核算员工的提成、手工费以及项目公司的提成，老板也把所收现金作为利润进行分配和花销。从财务角度讲，收到的预付费（如储值卡等费用）构成了美容院的负债，顾客有权随时要求将未消耗的预付款退款，因此，预付款在没有实际消耗前不能计入美容院的销售收入，也更不能视为美容院的盈利予以分配和花销。在实践中，绝大多数的美容院将所收现金作为盈利，并作为员工和项目公司计算收入的基数以及股东进行分配的依据，从某种意义上讲，是将顾客的预付款项进行了预支消费。还有的门店用顾客的预付款去投资开新店，这就使得老板无形中进行着高杠杆的负债经营，一旦经营出现波动顾客要求退款，现金流很可能难以为继，最终老板可能负债累累，门店也只能关闭。近几年来，一些美容机构特别是部分大型连锁机构已认识到此问题的严重性，已经开始从基于收现业绩计算薪酬、提成向基于实耗业绩进行计算的转变，同时，将现金储值卡向项目卡转变，减少顾客退现的可能性，并加强实耗业绩的考核，以促使门店人员关注实耗进度。

实现经营重点从收现业绩向实耗业绩转变的关键是门店要有良好的经营能力，要在项目选择、服务内容、服务流程等各方面实现质的飞跃，从营销拉动模式向服务推动模式的转变。美容业的迅速发展得益于预付费制，然而"君以此始，必以此终"，如果美容院老板不能清醒认知收现业绩与实耗业绩的区别，一味地将经营模型构建于收现业绩之上，则无形之中为自己亲手埋下一颗随时引爆的风险地雷。

三、别把培训课程当成解决方案

某位美容业供应链公司的创始人说："许多美容业老板真的很忙，不是在培训班上课就在去培训班路上。"言语中不乏无奈与感慨。奔波于培训班的美容业老板，与其说他们是因为好学而去参加各种培训班，还不如说他们因为恐惧而来。他们中的一大部分人在担忧门店业绩，但苦于没有思路和方法，参加培训班就是为了找到提升业绩之道。通常而言，针对老板的培训班多数是教授管理与运营知识，也有的纯粹是打鸡血式的精神辅导、心灵鸡汤，还有一些讲授各具特色的国学、养生方面的课程。老板怀着提高门店业绩的目的而来，听课时激动万分，庆幸找到了马上赚钱的灵丹妙药，但回去后具体实施时却发现课上听着很完美的方案却在自己的门店里面水土不服，或者课上听得明明白白，一到实践中就懵懵懂懂。培训老师台上的演讲激情四射，老板感觉学习之后业绩自然如虎添翼，但是回去实际操作时又没了方向，甚至有的人按培训班所教思路去做，不但业绩没提升，反而导致员工怨声载道，业绩还不如从前。于是老板又奔向下一场新培训，寻求更高明的方法，结果就是不断折腾员工，不停变换方向和模式，但却不见成效。

是培训的课程内容无用甚至有害吗？除了极个别课程之外，大部分课程都是很有条理和逻辑，理论上应该很有用，但是听课的人都拿着一个通用药方就想治愈自己个性化的业绩病，谈何容易！培训课程本身都是行业经验的总结和提炼，原则上理论价值很高，但问题的核心是老板自身是否有能力消化、吸收和转化这些理论并有针对性地改造自身企业的组织架构、经营模式和盈利模型。如果缺乏这种意识和能力，则上培训班不仅对业绩无益还会乱人心智。简言之，老板参加培训班是想拿到针对自己企业的业绩提升具体解决方案，但培训班只提供了解决思路和路径，这根本无法满足老板拿来即用的需求。如果老板想突破自己门店的业绩瓶颈，可聘请专业机构对企业进行专项的调研和诊断，并结合企业的具体情况方能制订有针对性的方案。所谓"师傅领进门修行靠个人"，培训班老师可能指出了所有企业都需改进的方向，但每个企业的具体出路还得靠自己去摸索，成功只能靠自修。

此外，即使有了业绩提升针对性方案，还需企业有配套的制度及人员予以保障。业绩的好坏取决于企业管理运营水平的高低，而管理运营水平又基于完善的制度和组织的强大执行力。药方有了，但还要看各种药物成分的质量以及各种成分的搭配。因此，要想业绩提升，就得打造企业全方位的能力及良好的运作机制，否则学的理论再多也只能纸上谈兵，实践中不但无益反倒可能有害。

四、莫要自以为员工的家长

有许多企业老板感叹"我对员工如父母，但员工视我如寇雠"。为什么双方对彼此的认知有如此之大的差异，甚至截然相反呢？孔子说"君子求诸己，小人求诸人"，老板们应首先反思自己真正做到如父母般对待员工吗？会像关心自己孩子一样关心员工的喜怒哀乐吗？会将盈利的钱像给自己儿女一样分享给员工吗？口头对员工说你们就是我的儿女，我会像父母一样对你们负责，但实际上无论精神关怀方面还是物质分享方面都无法做到，正所谓"口惠而实不至，怨灾及其身"。

中国古人就明了"易子而教"的道理，而西方心理学也认为父母很难教育好自己的儿女。父母尚且无法教育好自己的儿女，作为企业的老板，如果期望以专制、压迫式家长身份和对待儿女的教育方式处理与员工关系，则无异于缘木求鱼。更有甚者，某些老板具有家长一言堂的作风，将员工视为小孩子，不允许员工有独立的思考和不同的意见，那就遑论教导好员工。

员工与老板是矛盾统一体，企业正是在两者不断磨合、冲突中得以升级和进化。可怕的是企业上下只有一种声音、一种意见，表面上是上下统一，实质上不是已经僵化就是趋于僵化了。员工与老板矛盾与冲突的终极目的是达成动态的利益共同体，在发展中创造效益、分享利益。《周易·系辞》讲"何以聚人曰财"，老板如要吸引人才、做大做强团队，一个重要因素就是分好财富。员工不需要口惠而实不至的冒牌"家长"，他们需要领导他们冲锋陷阵分享财富的首长。

五、勿用先进的管理杀死落后的自己

受限于从业人员的教育水平不高及职业化成熟度不足这一窘境，美容企业落后的管理及经营水平一直为专家所诟病。美容业老板们有心将自己的企业推上正规化的管理之路，但大多苦于自身不知怎么干、手下无人能干的困境。于是，一部分老板求助于外边培训，亲自学习各种理论知识然后应用于企业经营，另一部分老板则引进外部人员充实管理层，构建管理团队，全面实施规范化管理。

美容业要不要提高管理水平？答案毋庸置疑，任何一个企业都必须努力提高管理水平，但核心问题是有了该等认知情况下具体到每个企业如何去做才是关键，知易行难。首先，要明晰企业自身到底需要哪些方面的管理，是财务、行政、人事、营销、技术或是其他方面，所需各方面管理的优先顺序是什么。其次，在明确缺什么管理之后，就要细化管理的方式、方法和路径，解决怎么管的问题。再次，需解决谁来管的问题。管理人才是从内部美容师、店长等人员中选拔、培养，还是从外部引进团队作为"空降兵"作战，内部培养是否耗时耗力而又无法胜任，外部军团是否会水土不服？美容企业启动管理正规化之路，就是开启了自我革命的艰辛历程。

具体到某个美容院或连锁机构，不一定要采用现代企业先进的管理方式、方法，其重要原因就是所有的管理都可能成为经营的束缚。经营是自由的，但无往不在管理的枷锁之中。当企业的经营如野马般狂奔之时，老板都会自觉或下意识地套上管理的缰绳。无管理的经营就会导致混乱和失控，而老板最担心的就是失控。为了保证企业可持续发展并获得不失控的安全感，老板们在企业经营到一定阶段和时期就会强调管理，但必须说明的是，并不是所有的美容企业都需要像其他行业一样的先进管理方式、模式。一个老板管理几家美容店，对于店长、美容师、项目经理等人员都非常熟悉，他一个人足以应付其他企业许多部门所做的工作，就没有必要建立完整的人力资源部门去完成人力资源的六大板块工作。

随着企业规模扩张和人员增长，老板不愿再亲自面对员工，就转而建立人力资源部门进行各方面的人员管理。在实践中，企业招聘人力资源总监，总监为了实现细节落地又要招聘人力资源经理和职员，于是，搭建完成的整个部门就要在美容院推行全方位人事管理制度，而最能显示人力资源部门工作成绩且最能让老板听得懂的工作就是员工绩效管理。

曾经有一个拥有十几家门店的美容企业，人力资源部门为美容师、店长等各岗位都各设定了十几个KPI（关键绩效指标），推行精细化管理，提出管理的颗粒度一定要细。为了推行绩效考核体系，人力资源总监先向老板普及KPI概念和内涵，之后人力资源部又对员工进行培训，先普及名词概念，再分析各项指标，之后论证各项指标的合理性、必要性。美容师、店长等知晓了概念，就对具体指标各抒己见，与人力资源部门争执不已，有的人认为指标太多不合理、不科学，有的人认为指标设定本身不正确，有人认为有些指标会影响业绩增长。纷纷扰扰中老板一言九鼎，一定要把先进管理模式落地。但大半年后，老板看到门店业绩增长乏力甚至个别门店业绩下滑，才匆匆找同行来咨询会诊，经分析发现多数KPI指标与业绩无关，分散了员工的精力，为了实现KPI指标而牺牲了业绩增长。另有一家美容企业，为了提高财务管理水平购买了一套财务管理软件系统，但是使用该系统必须全面而系统地梳理业务流程，于是在软件公司的辅导下新建立了财务部系统实施小组、业务部流程对接小组、软件维护部，并且为了保证门店数据准确性，需培训美容师按软件系统流程录入数据。门店人手本来就紧张，又要安排专人输入数据，抵触意见大，而输入的数据又出现许多错误、遗漏，导致财务部一直无法保证及时、准确地出具报表。此外，门店抱怨系统将价格、折扣、流程等内容锁定，无法像此前一样灵活更改，满足很多顾客的个性化项目需求，导致顾客满意度下降、业绩下滑。老板无法辨别产生问题的根源，面对不同部门的抱怨和分歧时也无法给出有效解决方案，结果财务管理软件系统在上线半年后也不能正常运行，公司只能采用手工账为主、系统数据为辅的工作模式。在花费大量成本后，软件系统成了老板不舍得放弃但又不能正常发挥作用的鸡肋。

企业首先需让产生业绩的经营之马飞奔，然后再用管理的缰绳约束飞奔之马不要偏离方向，并适当为之减速。美容业必然要走上精细管理之路，但囿于企业发展阶段、员工素质及老板自身的认知水平，企业管理升级还需循序渐进，不必羡慕他人的先进管理模式和方法，适合自己的才是最好的。每个老板都需谨记，落后的团队戴上先进管理的枷锁必然是伤痕累累，杀死自己的可能不是那些自己恨铁不成钢的团队，而是那些貌似可以点石成金的先进管理方法。

六、美容院外的价值延伸

中国美容院自二十世纪八十年代开始发展，在四十多年的发展过程中主要采用了五大类业务模式。八十年代初，美容院主要关注面部项目，通过面部清洁、按摩开始行业的萌芽。随着面部项目的普及，八十年代后期到九十年代，美容院通过卖产品送服务方式实现了业务模式的一次升级。其后，产品项目公司之间竞争加剧以及日化产品分流顾客消费，卖产品模式面临巨大挑战。二十一世纪初，美容院提出健康养生理念，主要依赖中药养生理论，从面部按摩向身体按摩、排毒养颜方向发展，涌现了一批以健康养生著称的美容机构，为行业的发展注入了新活力。与健康养生理念同时兴起的还有科技美容概念，所谓科技美容就是基于光学、电学、声学、磁学、力学、热学等新技术，利用光电仪器等器械快速、高效地实现美容效果的一种新美容方式。由于对肤质、肤色、轮廓的改变见效快，科技美容一经推出就迎合了现代人快节奏生活的需求，迅速火爆大江南北。光电仪器不断更新迭代，光电项目迄今为止仍是许多美容院的主打项目。随着中国经济的持续发展和人们生活水平的不断提高，2010年左右中国医疗美容市场迅速崛起，许多女性已不再满足于皮肤的保养，更进一步追求通过医疗整形从根本上改变容貌以及形体轮廓，此外，顾客群体从以女性为主逐渐向男性扩展，美容群体也呈现年轻化趋势，市场规模也迅速扩大。

上述五种业态虽然兴起、兴旺的时代不同，但目前仍共存于整个美容业，最显著的趋势是面部保养和健康养生两大类项目已成为美容院的自有项目，由美容师、店长等院内人员就可自行操作，同时，他们又可直接推销家居产品。所有自有项目及家居产品的成本可控所以毛利率较高，但是由于顾客单次的消费额有限，因此总体业绩额不是非常高。与科技美容相关的光电项目，一方面需大量投资购买设备，成本较高，另一方面，销售人员需要具备较高的销售技巧及较全面的专业知识，而且操作人员也需较高的技术水平，因此，绝大多数美容院都聘请外部项目公司提供光电项目服务，并与外部项目公司进行收入分成。行业内对项目公司的诟病较多，主要是项目公司为达到短期业绩目标而过度营销、过度承诺，顾客售后投诉较多，更重要的是过分透支了顾客的消费力，并进而导致顾客投诉和顾客流失，造成美容院的经营大起大落，对美容院长期稳定发展造成了较大的损害。医疗美容的客单价很高，顾客人数占比小，但总体消费额高。美容院通常推介医美顾客去医疗美容机构完成相关手术，在此过程中，美容院成为医美机构的引流渠道，其主要作用是挖掘潜在顾客、初步确定顾客需求，并将顾客邀约到医美机构，之后由医美机构的人员完成项目咨询、方案设计及医疗项目的实施。从医美项目实际操作流程来看，美容院发现顾客需求所必需的技能要求较低，投入较少，但美容院在医美项目上会有一定分成，如果医美项目做的比较好则医美收入在门店总收入中将会占有较大份额。

随着美容院店内项目的同质化竞争加剧，生活美容类项目的价格已非常优惠，其手工费提成是美容师的主要收入来源。实践证明，生活美容类项目是美容院业绩的基石，经营好门店自有项目是保证美容院生存下来的前提。但想要取得更好的效益，光电项目就成为一个备选项，当然，在具体操作中应避免外部光电项目公司透支顾客消费力的伤客行为。因此，从长远来看，美容院必须考虑与医美机构进行健康、紧密的合作，以此来提升美容院的经营业绩。2010年以来，双美融合已成为美容业发展的一大趋势，生活美容与医疗美容的深入融合和相互促进才能实现美容企业高质量发展，这已成为行业共识。

回首美容业过去几十年发展历程，可以看到美容院未来的发展，其中一块业务应着眼于目前美容院自身难以完成的光电项目及医美项目。美容院的生活美容项目是培养顾客美容习惯、发现顾客更高层次需求的漏斗，可甄别出光电及医美顾客，从而在光电、医美项目中实现顾客资源的深度开发，并在日常生活美容中保持顾客的黏性，持续跟踪顾客后续需求并予以满足。美容院应在为顾客提供多层次美容服务的过程中实现自身效益的稳步提升，从而达到美容院之外的价值延伸。

七、美容院内的生克关系

没有理论指导的实践就会成为没有准星的枪，不但打不准，还可能误伤自己人。没有经过实践检验的理论看着很美却遥不可及，甚至成为美丽的毒苹果，百害而无一利。当今的企业，可以从中国几千年浩瀚历史经验中汲取无尽的营养，把千百年积累的经验和理论应用于企业经营，同时，亦可学习和借鉴西方现代管理理论，实现管理上的中西合璧、相得益彰。正确的理论将赋予管理者一双慧眼，让其在纷扰的世事中看得清清楚楚，完善的理论也将给予管理者理性的头脑，让其在充满噪声的不确定性中保持一分清醒。适宜企业自身的理论将成为企业前行的灯塔，指引

第一章
理念决定行动

企业在暗礁密布的商海中扬帆驶向未知的前方。

五行学说是中国独创的朴素哲学思想，在悠长的历史长河中对我国科学、哲学、社会、宗教等各方面都产生了深远影响，并在当今社会中仍然发挥着重要作用，成为中国文化的一个重要特征。五行学说认为世界是由木、火、土、金、水五种基本物质构成的，自然界各种事物和现象，包括人自身在内，其发展和变化都是这五种不同的物质不断运动、相互作用、相生相克的结果。五行学说以朴素的唯物主义和辩证法揭示了宇宙万物生生灭灭、世间万事起起伏伏的原因及规律，也为中国人提供了严谨的思维模型。

五行学说的一个基本出发点就是认为事物彼此间都存在着联系，这种联系就是相生相克，并因为生克促进了事物的发展和变化。相生，就是相互促进、生发、滋养的意思；相克，就是相互克制、贬抑、损害的意思。五行相生是指木生火、火生土、土生金、金生水、水生木，五行相克是指木克土、土克水、水克火、火克金、金克木。生与克是事物的一体两面，没有生就不存在事物的本身，也就不会有生长的根基；没有克，就不存在事物的矛盾，也就不会有发展中的再平衡，也就失去了发展的动力。生是事物存在的本源，克是事物变迁的动力。生中有克，克中有生，生为了克，克为了生，生克共同创造、维系和推动事物的生存、发展与演变。

在相生关系中有生我、我生两种关系，而在相克关系中有克我、我克两种关系。例如，就木而言，生我（木）者水，我（木）生者火，克我（木）者金，我（木）克者土。在日常生活中人们普遍知晓这种顺生顺克关系，但许多人忽略了事物的对立统一，即反生反克的道理。所谓反生反克，就是生我者反过来成克我者，我生者反过来成为克我者，而反生反克通常是在事物太过（太旺）、不及（太弱）时发生的事物关系之反转。例如，仍以木为例，生木者本为水，木赖水生，但水多木漂，喜欢干燥的树木、花草如果浇水太多就会涝死也就是这个道理。木生者为火，但火多木焚。克木者为金，但木旺得金，方成栋梁。木克者为土，木能克土，土多木折。父母的爱是儿女最好的成长沃土，但如果是无原则的溺爱，就成为克制孩子健康成长的障碍，古人云"惯子如杀子"就是由相生转为反克的最佳示例。

除上述二元关系外，更进一步的关系是三元关系，即三种主体之间的相互关系。例如，就木而言，水生木，金克木，但金生水，也就是生我者（水）乃克我者（金）所生，这也说明了没有克我者就没有生我者。在现实生活中，对某一事物有利的因素，往往是从对这个事物不利的因素中孕育而来。因此，不能一味地厌恶克我者，而要从其所生者中找到生我者，即对我有利者或有利的因素。并且，如果我方的某一方面较强，则克我者来克才能抑制较强势头，达到平衡态。此外，如果我方的某一方面过强，则克我者不但不能克我，却会被我反克，此时大可不必担心克我者。因此，五行学说就是让人们学会多维度、多层次辩证地看待事物的关系与变易。

对于美容院而言，必须理清下述主体之间的五大关系：老板、员工、项目、顾客、业绩。相生关系：老板招聘、培训员工，老板生员工；员工完成或协助完成项目，所以员工生项目；有了项目才能吸引顾客，项目是拓客的前提，所以项目生顾客；有了顾客才能有消费从而产生业绩，因此顾客生业绩；有了业绩和利润，才能助力老板维持美容院的经营，支撑老板做大做强，所以业绩生老板。相克关系：老板应是门店项目的第一负责人，不仅要负责立项，更重要的是减少不必要的项目，因此老板克项目。经营了几年的门店可能有几十个甚至上百个项目，项目如此之多不是为了满足顾客的需要，而是为了创造业绩不断将老项目改头换面成为新项目，或者不停地引进外部新项目。最考验老板经营定力的就是减少项目量，并提高保留项目的质量，真正以顾客需求为中心设计项目。员工是服务于顾客的，但如果员工服务态度不好、技术不佳就会伤客，因此员工克顾客。不以顾客需求为中心设计的项目必然损害业绩，过多的项目必然导致员工、项目公司不停骚扰顾客，顾客消费意愿下降，门店业绩也会下降，因此项目克业绩。顾客有了投诉，首先会找到老板，其将与老板

发生直接利益冲突，而多数老板会选择息事宁人并牺牲部分利益来取得顾客谅解，因而顾客克老板。业绩决定员工收入，业绩考核和导向也直接影响员工的工作态度、职场心态和利益，因此业绩克员工。

虽然从相生关系看是老板生员工，但由于企业文化、管理体制以及老板个人性格等因素可能导致员工反克老板，也就是员工不服从管理，严重挑战老板的日常经营决策，形成反克局面。而作为生老板的业绩在下降的情况下或业绩不合规的情况下，就有可能成为克制老板的大杀器。例如，不具备医美资质的生活美容门店在店内违规从事医美项目，虽可能获得短期高额业绩，然而一旦顾客投诉和索赔，则美容门店可能需依据消费者权益保护法进行退一赔三的消费欺诈高额赔偿，这将严重影响门店的日常经营，并可能因为大额赔偿导致现金流断裂而倒闭，因此，不合规的项目业绩就是美容业老板的经营红线，且不可饮鸩止渴。

几乎每个美容业老板都在日夜为业绩奔波，不断引进新项目，希望用新项目吸引顾客，引导顾客买单，正所谓业绩不行项目凑。但往往适得其反，顾客不断被新项目的销售所骚扰，老项目的卡还没耗完就被不停推销新项目，顾客不胜其烦，买单意愿很低，甚至一听美容师提及新项目就立即喝止。从上述五行生克模型可见，业绩不是项目生的，而是顾客生的，无论美容院员工自行操作的自有项目还是外部合作项目公司操作的外部项目，都是产生顾客的土壤和根基，项目从立项到操作都应以满足顾客需求为根本出发点和目标，只有满足顾客的需求才能吸引新客、留住老客。许多美容院引进新项目，首先不是研究新项目能为顾客带来什么新体验、创造什么新价值，而是首先想到项目赚不赚钱，其最关注的是让顾客尽快买单的话术，最终结果就是越想赚钱越难赚，此种行业现象的根本原因是没把以顾客为中心的理念真正落地。"以顾客为中心"应该是以顾客的健康、美丽需求为中心，急顾客所急，想顾客所想，所有项目是为了解决顾客健康和美丽的问题，而不是把顾客当作赚钱的中心，将顾客不必要的项目也推销给顾客，如此情形顾客岂能不厌烦！另一方面，从相克关系也可看出，项目与业绩是相克的，许多美容师、店长和老板都很疑惑，明明某个项目设计的内容非常丰富、性价比也高，把项目的好处向顾客再三说明，但顾客就是不买单，业绩也做不出来，其实项目本身好不好对顾客而言没有根本性意义，只有项目适合顾客、对顾客好才是真正的好。把不适合的项目推销给顾客用，最终就是伤客，而且伤害的大多是老客，这就导致老客流失，更别提老客带新客，业绩也就无从谈起。项目本身要高质量，这是可以良性运营的起点；项目要适合顾客的需求，这才是良好业绩的来源点。

五行模型为美容院的运营提供了一个可资借鉴的思维模型，让错综复杂的各种关系能够变得清晰明了。相生相克，反生反克，不生不克，生生克克，掌握其中规律就会更容易做到生生不已、原始反终，方能收获丰硕成果。

五流模型

"流水不腐,户枢不蠹",这道出了流动的重要性。一个企业内部运营涉及人流、物流、现金流、信息流、心流等五流,各种流相互交流、激荡构成了企业运行的全过程。如果哪个不顺畅,企业就会出现各种不适甚至危机。企业只有认清五流本质,解决好流向问题,才能在不确定的大商业环境中营造相对确定的生存环境,从而在竞争中百战不殆。

一、人流

人流可大致分为两个循环,其中,内部人流主要指企业内部的人员流动,外部人流是指企业外部的人员流动。内部人流要实现职位能上能下,待遇能升能降,工作能左能右,人员能来能往。美容院，特别是连锁美容机构，经过几年的发展就会出现员工的职位只升不降，论资排辈，能者上不来，庸者下不去，企业越来越没有活力。美容连锁机构要建立美容师、副店长、店长、经理、总监、项目老师、项目经理、培训老师等业务，经营人员的成长机制，为每个岗位、每个在职的人员规划职业方向、成长通道，并建立严格的考评机制。考评目的是给人员分层，原则上排名前20%的人员可以升职，60%人员留在原职，20%可以降职。升职不一定是职位的调整（例如店长升经理），而是同一职等上可以设置几个职级，例如店长可以设三级，职位的上下可表现为同一职等内的职级变化，这就会出现同是店长但级别不同的情况，以便区分优劣高下。职位能上能下就会给员工以压力，促使员工保持激情、持续奋斗。

员工的待遇要随其职位、业绩、贡献的变化而随时调整、能升能降，原则上待遇与业绩、成果挂钩，薪资待遇应避免与无实质性意义的因素关联，例如，有的企业提供学历薪资，给予学历高的员工一定金额的固定薪资。学历可以作为岗位的招聘条件和任职资格，但学历高并不意味着能创造比学历低的人更好的业绩，因此，基于学历而特别支付薪资成本是没有激励促进意义的。还有全勤奖也是一个无太大意义的薪资内容，如果员工旷工、迟到、早退，则就应按规章制度进行处罚，而如果员工休年假、病假、事假，则也应允许，企业不应追求员工全勤，员工正当休假、请假的需求应得到满足，相应违规缺勤也应受到处罚，何必给予正常全勤的人特别奖励呢?

工作能左能右,就是要求员工特别是管理团队要服从工作安排,可以随时根据业务需求做不同的工作,正所谓一专多能。当然,企业要为员工提供培训机会,使员工能够具有多岗位的胜任力。例如,美容院店长应具有多方面工作能力,其既能动手为顾客做项目,也能协助副店长完成销售,或者副店长不在时自己直接完成销售,此外店长还能完成员工的带教、培训、内部日常管理等工作,可以说店长需具备多方面的工作能力,能在他人缺位时及时补缺。经理、总监通常是从一线店长成长起来的,多数具有上述各方面的能力,但经理、总监岗位还需要统筹规划、培养团队等能力。只有将管理层打造成多面手,工作才可以能左能右、游刃有余,并实现个人潜能的最大发挥。

人员能来能往是企业人员新陈代谢的过程,不适合的人员能够及时离开而新鲜血液及时补充,就可保持企业的持续活力。从资金成本上看,辞退老员工及招聘新员工都会耗费大量成本,在新员工难招聘的情况下,是否选择妥协,继续留用不合适的老员工呢?让不作为、乱作为的老员工占据工作岗位,看似省去招聘新人的麻烦和成本,但却给企业造成不可估量的潜在损失,其代价就是企业被尸位素餐的人拖亏、拖垮。当然,老员工是企业的财富,企业花费巨大的成本进行培养不可轻易放弃。对于能干、肯干的老员工应倍加珍惜,但对于与企业文化不兼容、跟不上企业发展步伐的人,经教育、培训仍无法改变、改善的,则应果断

第一章
理念决定行动

地让其离开去更适合的地方发展。一言以蔽之，人员能来能往企业方能生生不息。

美容院外部的人流主要包括顾客的流动和外部项目公司人员的流动。顾客的流动又包括线上人流和线下人流，这主要是针对拓客渠道而言的。美容店老板通常关注顾客流，但对于项目公司人流却鲜有重视。美容院需要项目公司上门服务的根本原因是自己的员工销售能力不强，操作技能和手法不佳，所以必须依赖外部项目公司人员登门提供现场服务，而项目公司人员普遍实行收现业绩提成制，这就必然促使他们（无论是咨询专家还是项目操作人员）都以业绩最大化为终极目标，涸泽而渔，恨不得把一个美容院任何有消费能力的顾客都拉到自己的项目中来，甚至为了达到销售目的而贬低门店其他项目，引诱顾客放弃其他项目并转卡到自己项目上来。项目公司人员拼命压单、过度承诺，一旦顾客事后发现服务未达所承诺效果、项目质量存在瑕疵，或者顾客超出经济实力冲动消费之后反悔，就会产生退款、投诉等一系列纠纷，更严峻的是，顾客日后再消费的意愿降低，可以说项目公司的急功近利会给美容院留下一片哀鸿。更可怕的是，有的美容院为了冲业绩，会让几个项目公司同时开展几个项目，一个顾客可能被几个项目公司围着轮番轰炸，而项目内容又可能同质化，这就让顾客很反感，导致顾客流失率上升。实践证明，如果美容院将业绩寄托于外部项目公司就是把命运交到他人手中，会使员工产生依赖心理而蜕变成不愿辛苦地提供手工服务、荒废手艺的等靠者。项目公司可能一时将业绩冲高，但不以顾客长期需求为中心的业绩收割，必然会冲高回落，对美容院的可持续经营造成重大伤害。美容院要管理好项目公司的人员，要让他们为己所用，这就需要老板首先要把好立项关，即顾客需要的项目才上，适合自己门店的项目才上；其次，要为项目公司设定行为规则，其中一个特别重要的内容就是基于分客模型而形成的顾客分层管理体系，要细化哪些顾客是其可以销售的，哪些顾客是其不可以接触的，美容院要为项目公司提供目标顾客清单，超出清单外的顾客不可进行推销；最后，在可进行销售的顾客中，门店要与项目公司确定每个顾客的消费上限，每个顾客的定制化方案，明确排除重复推销、盲目上项目的情形。有规划和有节制的项目公司业绩才是良性的，也才是可以持续的。项目公司的人流不能游离于美容院管理之外，要引其入正流方能成为长久的利润之源，否则可能成为冲垮正常经营之堤的暗流惊涛。

二、物流

美容院物品流通主要涉及院装产品和家居产品，其中，院装产品是在美容院内的项目中进行消耗，而家居产品要销售给顾客回家使用。在实践中，有些美容院为了节约成本就从一些批发市场购买产品，这些生产、质检手续不是十分完备的产品用于店内顾客服务，一方面服务质量和效果无法保证，很容易引起顾客投诉，另一方面，工商、质检等部门如果发现手续不全将会对美容院进行处罚，得不偿失。需特别指出的是，在一些中医养生项目中使用的药包通常是民间手工制作，没有生产批文和严格质检手续，极易受到行政处罚。为了解决这些问题，应委托有资质的化妆品厂家或保健品厂家代为生产并申报相关手续，具有合法手续后方可使用，否则法律风险较大。

家居产品销售是美容院重要利润来源之一，其不占用店内过多的人力成本和资金成本，并且如果顾客使用满意就会持续性购买。家居产品直面日化产品的竞争，其品牌影响力通常没有日化产品大，因此，美容院必须在店内实现体验式销售。更为重要的是，在顾客购买家居产品后，店内美容师应定时回访效果，友情督促顾客按时使用并提醒顾客按时到店进行护理，实现以家居产品为纽带加强顾客粘性。但家居产品能够让顾客长期使用，根本上还是取决于产品质量和使用体验，因此美容院应选择质量过硬、品牌具有一定知名度的产品，同时辅以日常的面部和身体护理予以强化体验，让顾客看到效果后才能持久消费。

三、现金流

现金流对任何个人或组织都是生命线，无论总资产规模多么庞大，现金流一旦断裂就会是灭顶之灾。美容业的一大特点是预付制，顾客需先付款后消费，这就使得美容院几乎没有应收账款，避免了困扰国内众多企业的坏账问题。由于顾客在店面直接付款而很少银行转账，其中包括一部分现金收款和通过门店员工个人的微信或支付宝收款码收款，如何保证颗粒归仓是门店的一大挑战。实践中存在美容师或店长收了顾客的款项不入账，而直接收入自己囊中，被发现了就以忘记入公账为由进行搪塞。为了避免这种情况，一方面要加大处罚力度，另一方面要防患于未然。老板应不定时抽查顾客档案，并对顾客进行电话回访以查明消费实际情况。电话回访应该是随机选取顾客，并且不定时进行，目的是戳破员工的谎言，进而让员工不敢贪。在实践中，对于店面的赠予产品和项目应作为重点核查内容，因为员工贪占公款、公物通常通过赠予的途径进行掩盖，只要能够把好赠予审批关就可以在很大程度上避免该等漏洞。

新冠疫情加大了社会生产、生活的不确定性，作为线下服务业的美容店的业务也受到了很大冲击，顾客到店率降低，消费意愿减弱，更严重的是因为疫情无法营业而闭店。大多数门店以收现业绩作为计算薪资、奖金和提成的基数，这就导致所收现金被大幅分配和消耗，正如前文所说，实质上美容院是将负债而非利润进行了分配和消耗，这将导致一旦业务量减少或者没有了业务量，顾客要求退款，美容院的现金流储备就会出现枯竭，门店面临倒闭风险。

收现业绩不是盈利，目前以现金流为基数进行核算和分配模式要求美容院必须建立足够的风险防范机制，最重要的是建立风险准备金机制，即将收现业绩的一定比例提留出来不做分配和使用，主要以现金存款方式进行储备，其唯一用途是在现金流出现问题时的救急。原则上，风险金达到相当于 6 个月的员工工资及租金总额时可暂停提留。许多预收款制的连锁企业倒闭的根本原因就是不知风险防范，盲目进行超前开支，缺乏风险准备金机制，一旦现金流出现问题就会轰然倒地。对于美容企业而言，成也现金流、败也现金流，这是生存与死亡之课题，不可不慎之。

四、信息流

从古至今，掌握了信息流的人就掌握了主动，奠定了胜利的基础，"知己知彼百战不殆"就是说掌握敌我的信息就会立于不败之地。在现代社会进入"互联网＋"时代甚至是元宇宙时代，一个企业的生存就与数据化密切相关，而信息流就是当今时代企业的最宝贵财富之一。人流、物流、现金流将在形式上反映为信息流，其中，人流中的顾客信息是企业核心财富，美容院不仅可通过顾客消费信息的长期积累、动态跟踪来实现顾客在店内服务项目的精准推送，对顾客进行年度服务规划，还能预测、挖掘顾客的光电项目、医美项目等需求，从而实现顾客信息的收集、整理、分析、利用的闭环。对顾客信息的进一步利用是异业合作，即与其他行业协同为顾客提供美容业之外的产品和服务，例如健康饮食行业、珠宝行业、汽车行业等，这都要基于对顾客消费能力、消费意向等信息的精准研判才能为顾客提供其真心所需的服务，从而在满足顾客多样性、个性化需求的同时实现顾客价值创造的极大化。

信息流的另一重要内容是财务信息流,包括美容院的进销存信息,实践中,许多老板更关注销售和业绩,但往往无视进货的节奏、库存的合理性,有些货品库存高企,过了保质期还不知晓,丢在仓库里无人问津,而有的货品却在用到它时才发现缺货,不得不高价调货并支付加急运费,这都是缺乏安全库存管理的意识。安全库存不仅要求货不能缺,更要求货不能多,缺货会造成损失,库存冗余也会造成损失。老板紧盯收现业绩,但对成本、利润却漠不关心,许多人认为收到的钱就是盈利的钱,所以把财务人员的工作当成记录流水账,没有成本核算的意识。此外,许多老板不重视实耗业绩,唯收现业绩论英雄,但收现业绩往往不能反映企业的真实经营及管理水平。为了实现高收现业绩指标,从美容师到店长只关注如何卖卡收现,不重视扎扎实实地为顾客服务以增加顾客到店频率从而实现尽快地消耗卡项。一个现象就是美容师和店长对能买卡的新客热情有加,但对买了卡或拒绝再次买卡的老顾客兴趣索然,服务态度让老客心寒,这严重违背了以顾客为中心的宗旨,是短视而危险的自杀性待客模式。另一个现象就是,美容师或店长为了实现尽快收现,无原则地给顾客赠送产品和项目,或者无原则地打折,目的就是让顾客买卡冲当月业绩,结果导致日后顾客没有大的优惠就不消费。因为员工的收入与收现业绩挂钩,但赠送品和折扣的成本却是门店承担而与员工无关,所以看着门店业绩高,但实际成本非常高,导致门店赔本赚吆喝。老板关注财务信息流就要把耗卡业绩与收现业绩提高到同一高度予以重视，在每年年初时要强调收现业绩，而在年中及下半年要侧重耗卡业绩，没有耗卡业绩就没有顾客满意度，没有顾客满意度就没有下一年的收现业绩。因此，美容院无需自欺欺人地设置众多顾客满意度指标，也无需设置专人回访顾客，只要把耗卡业绩设为重要考核指标，那么耗卡业绩高则顾客满意度一定高，如此则可化繁为简，以终为始把业绩与顾客满意度完美结合。

信息流更进一步的内涵是线上信息流与线下服务的融合，许多美容院已经在线上进行各种营销尝试，无论在私有域的自我推销还是在公有域的借力发展，实质是向外界、向潜在顾客传递美容院产品及服务的信息。美容院面临着日益增长的获客成本，处于垄断地位的互联网平台将渠道费用提到无以复加的地步，美容院为了确保投入能够有收益，就必须花费大量时间和成本制作精良的推文、参与各大平台的优惠活动、委托专业公司定制文宣方案，甚至有的连锁机构自己雇佣 IT 人员、营销策划人员等进行线上推广，成本高企但又不得不为之。线上拓客、线下变现已成为美容业不可逆转的趋势，如能把线上信息流转化成线下顾客人流进而实现现金流，美容院就初步开启了信息化时代的完美蜕变。

五、心流

心流在心理学上是指个人的注意力完全关注某一事务、全身心投入时的一种心理状态，在此状态时抗拒中断，内心具有高度的兴奋和充实感。对于一个组织而言，心流状态是上下同欲、战略聚焦、战术协同，每个人都以组织的生存与发展作为自身的奋斗目标，竭尽全力、不知疲倦，成员具有集体荣誉感和使命感，组织能够凝聚人心，组织成员在奋斗时沉浸在心流状态之中。企业经营的本质是经营人，所为人心齐泰山移，这是心流的最高境界。如何实现组织的心流状态，最重要的是定好战略、做好文化。

战略是全局性的谋划，战术是实现战略的手段，谋大事者首谋战略。战略是一种抉择，要有所为有所不为。对于美容院而言，时常面临各种各样的诱惑，这就考验老板的定力。如果逐利而为，则可能经常变换项目，变着花样去收现，但却往往事与愿违。特别是，为了获取高额利润，有的美容院铤而走险在美容门店内从事医美项目，甚至暗地里从事干细胞回输等所谓"大健康项目"，这些都是违法违规的行为，也是经营的红线。如果在战略上不把好关，企业必然命运多舛。笔者处理多起美容企业跨红线经营而被处罚、索赔的案例，虽然企业支付高额成本以止损，但也因此大伤元气。亡羊补牢永远不如未雨绸缪，况且已知亡羊风险，何必为了一时之利而故意为之，更何况是灭顶之灾呢？企业的带头人一定要有定力，不能为了不法利益而摇摆方向，否则将让下属无所适从，又何谈上下同欲？

战略是一种共识，企业老板定好战略之后要与员工达成共同认知,要告知员工我们要做什么(而不是你们要做什么),我们为什么要做(而不是你们为什么要做),我们怎么做(而不是你们怎么做)。达成共识的过程有时是痛苦和漫长的,但一旦达成共识,员工就会无需扬鞭自奋蹄,他们不会在战略落地过程中因为不知道、不理解而阻碍工作进程。美容院的从业人员学历普遍较低,特别是一线员工的学历大部分是初中、高中学历,其理解能力有限,有时沟通成本较高,所以许多美容企业要求员工听话、照做即可,但是,如果员工心中没有深刻认知,照做也只是照猫画虎而已。中国共产党在大革命时期面对的是亿万大字不识的农民阶级,但仅一句"打土豪分田地"就凝聚了共识,团结了工农大众成就了伟大的革命事业。现在美容企业员工文化水平一定比当年的农民阶级高,因此,莫嫌员工理解水平低,应怪老板的战略沟通能力差。

战略是一种能力,是能够为顾客持续创造价值的能力,是基于自身情况而不断进化商业模式的能力。企业是商业化组织,其最终目的是赚取利润,战略执行的效果在于盈利,但战略本身不应从赚钱出发,不能因果倒置。正如五行模型所揭示的,顾客与业绩是相生关系,要想谋业绩、利润,前提是顾客满意而非项目好自然就有业绩。美容院正确的经营战略是立足于服务能力的提高,围绕顾客满意度设计商业模式,老板不宜天天喊着让员工去收现、冲业绩,而应关注于员工服务能力的培训和提高,执着于项目满意度的打造。战略是一种能力,是对价值创造不懈追求的专注力，也是在这个充满不确定性的时代通过不断迭代自身商业模式以应对挑战的应变力。当今时代唯一可确定的就是不确定性的增强，从产业形态、政策环境、国际格局、社会结构等各方面都时刻经历着变动，政治、经济、文化都在发生巨大变化，任何企业都身不由己地卷入时代变迁的洪流之中，奋斗者生存，自我革新者发展，随波逐流者灭亡。美容院要保持战略定力，并致力于长久价值创造，打造鼎新除旧的能力，方能在时代大潮中成为长期存活的弄潮儿。

心流的另一个重要方面就是要做好文化，而有时企业老板和员工都无法确认企业文化到底是什么，有人说老板的思想、观点就是企业的文化，可能是，但并不尽然。有些老板的思维是跳跃的，观点是多变的，甚至有时是自我矛盾的，这就形不成稳定的、良性的文化。

文化应是一种立场，散发理性的光芒，它是企业内部判断是非曲直的标准和价值立场。每个企业的规章制度有繁有简，但永远不能穷尽企业的每项经营活动、涵盖员工的每个行为，这就要求以文化来统领那些规章制度无法规范的细节，并对事物做出价值判断，其是处理内外利益冲突时的终极判断标准和准则。文化让企业经营有理性，让员工行为有底线，它是企业长治久安的根基。

文化是一种信念，可以激发人的潜能，让人拥有激情、百折不挠。信念让人拥有使命感，使人为了理想而奋不顾身、鞠躬尽

第一章
理念决定行动

痒、奉献不已。企业要树立什么样的信念？要拥有什么样的使命？恐怕每个老板都会有自己的答案。如果仅以赚更多的钱作为企业信念，则赚到了一定的钱就会激情衰竭，很可能沦为享乐至上、炫富比阔，并且由于分配体制的局限，老板不可能做到绝对公平、公正，那么以金钱为导向的文化将会使企业最终因各种利益纷争而分崩离析。笔者知晓一家美容企业，把改变一线员工的命运作为一种信念，通过各种机制提高员工能力、增加员工收入，不但让员工个人有体面的工作、令人羡慕的收入，还鼓励员工孝敬父母、资助家族成员，让他们在家族里扬眉吐气，协助他们自立、自强、自尊，进而赢得他人尊重，这种朴素的信念，就会转化为所有人为之奋斗的热情。

文化更是一种心灵契约，其使个人产生内在的心理约束以及对组织的内心承诺，并外现于自我管理和自觉驱动。孔子说君子有三畏："畏天命，畏大人，畏圣人之言"，实质上就是讲人要有所敬畏，而一个企业的文化就是企业人员要敬畏的良知。文化是一种软约束，是一种道德力量，更是在冷冰冰的书面劳动契约之外的一种心灵默契。员工将自己的职业规划与企业的发展融合起来，在与企业共同奋斗中实现个人价值，而企业要打造和谐、进取、平等的奋斗者氛围，建立人尽其才、能者多得的好机制。美容院要做完整的人才成长规划，为美容师、副店长、店长、项目经理、培训老师等各层级人员提供通畅的晋升通道，实现权力、利益、责任与能力的四位一体人力资源驱动机制，改变以老板喜好、感觉定薪资福利和晋升的随意性局面，真正让奋斗者得益，使员工与企业心心相印、互不辜负，实现价值共建、利益共享、心灵共鸣。

六、五流小结

五流不是相互隔绝的、孤立的，而是相辅相成、相互交融的，其现实态就是混流，五流之分无非是"横看成岭侧成峰"罢了。五流是分，是为了进行分析而做的区分；混流是合，是五流交融而真实存在的融合，合分本为一体。企业要充分认知自身的优劣势，并据以打造自身的五流模型，在流动中创造活力，在混流中成就未来。

五化建设

美容业经过几十年的发展，已成为从业人数众多、产值万亿人民币的大行业，但经营主体仍以个体工商户为主，大型连锁企业仍是少数。一线从业人员的教育水平偏低，导致行业整体的管理、运营缺乏系统化、正规化的思维和体系。笔者于2017年在某大型美容连锁机构提出了"四化"建设的规划，随着实践的发展而演进成为"五化"建设，即服务精细化、流程标准化、运营数据化、管理极简化、理念人性化。五化建设是连锁机构（包括美容连锁企业）实现愿景和战略规划的发展路径，是企业持续发展的坚实保障。

一、服务精细化

服务精细化是生存之道。如果企业的服务做不好，则一切工作都将成为镜中花、水中月。所有工作都应从细节入手,做好顾客的体验,只有把服务细节做到极致,才能在激烈竞争中得以生存和发展。细节决定成败,而美容服务的细节直接决定顾客的满意度,必须建立服务全过程的精细化思维,从预约顾客来店到欢送顾客离店的每一个细节都应详细设计、精心安排。例如,美容师应事先与顾客沟通确认预约的方式和时间(以电话预约还是微信预约,白天预约还是晚上预约等),根据顾客工作时间安排最适宜时间段为其提供服务,依据顾客喜欢的气味调整房间的香薰,事先准备顾客感兴趣的新闻和资讯等话题。细节是打开顾客心扉的钥匙,是感动顾客的最佳魔法。

二、流程标准化

流程标准化是发展之道。没有规矩不成方圆,美容院的每个流程都应具有标准,以便培训员工和提供标准化服务。流程包括顾客服务流程和内部管理流程,其中顾客服务流程是服务质量的保障,但许多美容院缺乏详细的服务标准或者不能严格执行已有服务标准。一个身体按摩项目,需要涵盖服务时长、手法技巧、按摩部位、用力轻重、水温冷暖等标准,这些标准是否有以及能否严格执行就直接反映企业的管理水平。内部管理流程包括财务、行政、后勤、人事等部门的流程,这些流程的标准化将极大减少内部无效沟通和矛盾,并大幅提高工作效率。流程标准化之后才能易于复制,这正是美容连锁机构扩张之必备技能。要像克隆一样把好的标准化模式进行复制，方能使顾客的服务体验一致并且花费一致，也才能保证连锁之路走得久远。

三、运营数据化

运营数据化是升华之道。运营产生众多数据，这些数据是企业的宝藏，首先要收集数据，之后进行整理，最后分析和发掘。随着时间的推移，单个美容院也会积累大量数据，而大型美容连锁机构的数据量更是惊人，这些数据可以称为企业的"大数据"。大数据不仅是指数量大，还指数据的意义重大。例如，顾客的个人数据、皮肤特性、体质特征、消费记录、消费习惯、消费能力、消费倾向、社会关系等，通过数据分析可准确预判顾客的消费意向，有针对性地为顾客规划全年项目，能够更体贴入微地服务好顾客，实现顾客满意、门店增效的双赢局面。对于大型连锁企业而言，没有数据化的支撑就无法正常、良性运营。连锁企业的核心资产就是数据，有了数据分析才能知晓企业五流状况，方能对企业的赢利模型、商业模式、战略战术进行检验和改进。例如，笔者指导某大型连锁机构的数据化工作，通过SaaS系统软件对企业几年内积累的数十万条财务和运营数据进行了量化分析，分析结果显示了几个有趣的现象，收入额高的一些门店却没有收入额低的门店盈利多，做了较多新的外部项目的门店却没有外部项目较少的门店盈利多，店面KPI指标完成较好的门店却盈利不好。

对这些数据结果背后的原因进一步研讨发现由于企业一直强调收现业绩，门店只关注收入而非盈利，门店人员没有成本意识，为了收现而无原则地赠送产品、项目以及给予折扣，虽然总部三令五申不能乱赠送、乱打折，但在"收现为王"的意识主导下、在以收现为核心的薪资考核机制牵引下，门店人员有极大的冲动只盯着创收而不关注成本，这就导致门店收入额高但利润率却相对比较低的畸形局面，给企业的持续良性发展埋下了隐患。另一方面，数据显示大型商场内的门店收入比社区门店高，但由于商场门店的租金高，导致商场门店业绩虽然看着靓丽但实际利润并不尽人意，还不如业绩低的社区门店盈利水平高。由此引出了该大型连锁机构的一个选址原则，即商场店以打造品牌形象和影响力为主要目标，其利润率可以适当放低。此外，根据该连锁机构所有商场店的租金占收入的平均比例，确定一个合适的租金占比，明确日后新店选址及租赁商场店铺时，租金占预测收入的比值不应超过设定的租金占比标准的，以此控制商场门店的最主要成本，实现财务数据指导选址、租赁的目的。

为什么有的门店花了很多时间和精力与外部项目公司合作，新项目不断，但一年下来发现盈利并不理想？外部项目公司实行按收入提成制，收现业绩的一半甚至多半归属项目公司。门店认为项目公司出人、出设备，门店只是将潜在顾客找出来交给项目公司，门店应该是省时、省力，这一定是赚钱的生意。实际上，如果项目公司在顾客付款后马上提成，而顾客又是多次到店才能完成耗卡的，一旦发生顾客不满意退款或其他纠纷，门店首先要承担退款责任，而向项目公司再追索存在不确定性。更重要的是，大多数项目公司都是收割机，为了业绩向顾客过度推销和过度承诺，有时伤客较严重，虽然一时业绩好看，门店老客受伤却较大，过多的项目骚扰使得顾客的未来消费意愿大大降低，数据显示，曾经被推销三个新项目以上的顾客在接下来的六个月内的消费金额呈下降趋势。此外，从数据还能看出，过多依赖外部项目公司的门店的自有项目（即需要门店员工自行动手服务的项目）的到店人次和复购率就偏低，这反映了员工依赖外部项目公司而不愿做好本职的服务工作，怕苦怕累，等靠思想严重。自有项目做不好，说明服务态度和技能不佳，门店的根基就不稳，老客也就留不住。门店天天喊缺客，日日要求总部出拓客方案，实质上是门店员工不愿辛苦地练好自己手艺，而一门心思希望别人为自己赚轻松钱的思想作祟从而导致能力退化、作茧自缚。

门店KPI指标完成较好的店面，盈利水平却为何并不好呢？门店美容师有一个重要的KPI指标是每月、每日的服务人次指标，该指标与员工手工费、奖金直接挂钩，设计该指标的初衷是服务人次达到一定量，说明顾客到店率较高、服务满意度较高，这样销售机会就越多，业绩自然就会好。但数据显示，某些门店的服务人次很高，但业绩并没有呈现等比例提高。通过对服务对象、物流等数据的分析，发现门店员工为了完成人次指标就花大量精力通过地推、朋友介绍等渠道拓展许多新客，这些新客多数没有持久消费的意愿，仅仅为了赠品和低价体验项目而来，员工赚到了服务手工费和基于服务人次的奖金，服务人次的KIP指标完成较好，但对于门店而言这些业务不但收入低而且拓客成本又高，得不偿失。此外，有的门店为了提高服务人次，将一个顾客在同一次消费的不同项目分日期登记，以弄虚作假的方式增加每天的服务人次。这些现象可以从数据深入分析中发现线索，并指导管理工作进行改进。当然，从根本上讲KPI指标设置本身的合理性也值得商榷，适宜的KPI是正确指引，不当的KPI却易成为开启心魔的催化剂。通过数据的跟踪和分析可发现企业经营中的异常，并进而反思有关经营和管理的方式、方法，真正实现运营以数据为根基，而数据以服务于运营为归宿的目的。

四、管理极简化

管理极简化是提效之道。管理是一种艺术，简单最美，极简化的管理就是最美的艺术，但极简化又是极不简单的挑战。管理极简化是目的，又是一个动态的过程，是在动态的管理过程中不断调整、迭代而无限接近的状态。单体门店或者门店数量较少的美容机构通常是老板独自经营或夫妻共同经营，并招聘少量员工参与运营，这样的美容机构没有管理团队和复杂组织架构，这种看似简陋的管理模式却正适合此类门面少、日常管理事务相对简单的机构，虽然看起来并不高大上但却符合简单最美的原则。

在实践中，拥有几家门店的老板或大型美容连锁机构为了将工作细化、优化、因事设岗,设立非常臃肿的组织架构,层级越来越多,导致人浮于事、效率低下。要想破除这种大企业通病,领导人必须痛下决心从自身做起、从身边人下手,做到以下几方面的简化:

首先,要减少管理层级。美容业老板一定要靠前指挥,贴近一线战场,也就是要亲自下店、巡店,了解门店的真实运营状况。如果一个老板下面隔着总部人员、区域老总、总监、经理方能到达店长层级,则就不能倾听到一线人员的真实心声,无法掌握门店的真实运营场景,总部的运营规划、决策往往是闭门造车,到了门店就会水土不服,或者总部管理人员为了工作方便在制定政策时一刀切,以标准化之名而行惰政之实。组织层级多,信息的传递环节就更多,传递过程中的噪音、杂音就多,信息到最后将大幅失真。基层人员不是不想反映真实情况,而是信息经过多层过滤、粉饰后必然失真、失效,因此,第一要务是减官僚,就是减少中间层的管理人员数量,减少管理层级,把人员编制和待遇向一线运营人员倾斜。第二要务是减亲属。美容业的一个普遍特点是老板的许多亲戚在企业任职,这当然可以减少许多信任成本,但对于不称职的老板亲戚,下属不敢说,平级的不愿说,同行的人不屑说,导致企业内部能者干不了事,员工整日纠缠于复杂人事关系之中,效率自然无从谈起。老板要让不能、不愿干事的亲戚让路,企业发展之路才能更顺畅。

其次,要减少考核指标,让考核简化。考核指标首先应具有指引作用，是员工能力提高的方向，是员工高绩效的体现，是企业效益的渊源。考核结果是用于区分绩效好坏以便把钱分好，但考核的根本目的是牵引、激励员工成长。有的企业为某个岗位设置十几个KPI指标，其目的是要管理细化，将该岗位负责的事项都变成KPI进行考核，但对于一线员工而言，理解这么多指标的含义都有难度，好不容易搞明白指标含义实行起来也是顾此失彼。更可笑的是，一些美容院的指标设置本身就存在问题，一方面，为了设指标而设指标，一些KPI指标本身只是管理部门参考用的统计数据，但却成为一线员工的考核指标，其对门店运营缺乏实质性意义，更不会起到正向激励作用；另一方面，指标设置重复，看似两个不相干的指标实质上考核的都是同一事项，增加了许多无效工作。还有的指标之间相互矛盾或者不可兼得，让一线员工在业务活动中不知如何是好。设置考核指标首先必须要理清底层逻辑，这些指标的核心目的是什么？是否易于员工理解和执行？从根本上讲，指标就是围绕两个主题：是否有助于实现以客户为中心的服务宗旨，是否有助于提高效率、增长效益。与这两个主题关联不大的事项就不宜设为KPI指标，那些不具有标准化、可复制性、可追溯性以及不易于测量的事项不宜设成KPI指标，此外，员工不能轻易理解的事项也不宜设成KPI指标。原则上，对于一线员工而言，KPI最多不应超过四个。

最后，管理极简化的另一个重要事项是减少分配套路。有的美容企业将员工的分配体制设计的非常完善，薪资计算很复杂，甚至每个项目的核算方式都不一样，这增加了统计人员的难度，极易造成数据错误，也徒增员工算不清自己薪酬的烦恼。更重要的是，员工会误以为老板通过复杂的公式来算计她们的利益，一旦有统计或计算误差，员工就会认为这是上层有意为之。为了实现上下同欲，企业从上到下的考核思路应一致，一线人员的主要考核指标也应是其直接上级的考核指标，当然权重可以不一样，但考核项应一以贯之，这样才能实现"力出一孔，利出一孔"。

五、理念人性化

理念人性化是幸福之道。企业经营最核心的是人才的经营、人心的运营，经营的终极目标是实现人的幸福。只有员工幸福了，她们才会内心喜悦地服务顾客，才能成就顾客的健康和美丽。美容企业是从事美丽的事业，而美丽的事业就必须具有人文关怀的温度，有敬天爱人的人性厚度，就是要对员工、对同事、对顾客、对家人、对整个社会奉献爱心，而每位从事美容业的人都应为自己的职业自豪。企业在做每项决策时，员工在做每个行为时，都要首先想到"己所不欲勿施于人"，这是底限思维，更进一步可争取做到"己欲立而立人，己欲达而达人"。许多美容业一线员工都是草根女孩，从艰苦的环境中成长起来，有着凭借双手改变自身命运的强烈愿望，企业管理层应有同理心，多从她们的立场思考问题，这样才能让冷冰冰的制度带上关爱的热度，让对抗的考核变成协同的奋斗，也让每个人在无形的社会压力风暴中找到可以避风的港湾。企业的"企"字本来就是"止于人"，没有人则企业也就终止了，人心一散企业就不会长久，并且，"止于人"也意味着企业的最终落脚点也是人。人性化的理念让管理有灵魂，让人有期盼，也让企业充满幸福，而一群幸福的奋斗者必然会成就一个成功的企业。

数据化利器 SaaS 软件系统

"互联网+"已深刻地改变着中国各行各业的业态,各产业领域内新的商业模式、盈利模型层出不穷,对任何一个企业而言,不主动拥抱互联网就有被竞争对手超越、被时代抛弃的风险。作为"互联网+"的基础设施,云计算已触发了软件开发部署模式的重大创新,成为各类应用的核心基础设施,并为大数据、物联网、人工智能等新兴领域的长远发展提供了必不可少的支撑。SaaS(Software as a Service,软件即服务)作为云计算的一种服务模式,是服务提供商基于云基础设施为用户提供软件服务的应用模式,用户通过各种设施访问云端,原则上用户可以无需管理和控制云基础设施。SaaS 软件系统与传统软件系统在服务模式上存在着较大差异,其能够解决中小企业信息化建设中面临的一系列困难，为企业的行政办公、营销、人力资源管理、财务管理等提供便捷的数据化利器。

"移动互联网+SaaS"为企业提供难得的发展机遇，中小企业（包括美容业）凭此可以更加灵活、便捷、精准地服务客户，并可大幅提升客户的体验和满意度，增加客户的黏性。SaaS涵盖了店务管理系统、收银系统、营销工具等各方面，为企业赋能、开源、节流、提效。SaaS通过一系列设计，使得企业数据的完整性、实时性和可追溯性成为可能，真正做到数据创造价值。同时，通过数据积累可以为顾客精准画像，为精准营销奠定坚实的基础。此外，SaaS可实现实时、准确地提供数据的多维度分析，这些数据和报告对于企业特别是连锁机构的运营而言至关重要，其改变了决策靠感觉的盲目性，将决策建立在科学的数据分析基础之上，SaaS软件系统为实现"五化建设"中的"运营数据化"提供了现实可行的工具和路径。

一、云计算与SaaS

2006年8月，"云计算"（Cloud Computing）的概念由Google首席执行官埃里克·施密特（Eric Schmidt）在搜索引擎大会（SES San Jose 2006）首次提出。Google"云计算"可追溯到Google工程师克里斯托弗·比希利亚主持的Google 101项目。自从"云计算"概念提出以来，专家、学者和企业等从各个角度对其予以诠释和定义，仁者见仁，智者见智，目前全球还没有一个

第一章
理念决定行动

统一的定义。

虽然众说纷纭，但美国国家标准与技术研究院（The National Institute of Standards and Technology）对于云计算的定义得到了行业内一定程度的认可。其在 2011 年 9 月发布如下云计算定义（Special Publication 800-145）：云计算是一种模式，其提供无处不在的、便捷的、按需的网络访问，进入可配置的计算资源共享池（资源包括网络、服务器、存储、应用软件、服务），这些资源能够被快速提供，并只需投入很少的管理工作或与服务供应商进行很少的交互。这种模式具有 5 个基本特征，3 种服务模式以及 4 种部署模式。5 个基本特征指按需自助服务（On-demand Self-service）、广泛的网络访问（Broad Network Access）、资源池（Resource Pooling）、快速的可伸缩性（Rapid Elasticity）、可计量的服务（Measured Service），3 种服务模式为软件即服务（Software as a Service/SaaS）、平台即服务（Platform as a Service/PaaS）以及基础设施即服务（Infrastructure as a Service/IaaS），4 种部署模式即私有云（Private Cloud）、社区云（Community Cloud）、公有云（Public Cloud）、混合云（Hybrid Cloud）。

SaaS 作为云计算的一种服务模式，是服务提供商基于云基础设施为用户提供软件服务的应用模式，用户通过各种设施访问云端，原则上用户可以无需管理和控制云基础设施。SaaS 作为一种新兴的软件服务模式与传统软件有着较大差异，主要体现在如下方面：

SaaS 与传统软件的模式对比

类	别	SaaS 模式	传统软件模式
交付模式	付费方式	按需付费,不需一次性支付软件开发费用/许可费用,投资小	一次性支付软件开发费用/许可费,投资大
	使用方式	可接入互联网的各种简单设备	需在指定设备上布置复杂的IT系统
	运维方式	软件服务商负责运维和更新	用户自行维护或更新,或者另行付费由软件服务商提供运维和更新的外包服务
	定制化	提供标准化模块,也可根据客户要求提供个性化设置	根据用户要求定制
商业模式	软件著作权	属于软件服务商	定制化软件的著作权可能由用户和服务商共有,或者由客户所有
	投资重心	投资主要在软件上	投资主要在硬件、人力资源,软件占比不高
	成本节约	规模经济的边际成本低,单个用户成本递减,成本更节约	成本由单一客户承担,成本高

云计算的 4 种部署模式,私有云是指云端资源仅供企业内部使用,不对外开放,私有色彩最浓;社区云指云端资源给特定的几个单位使用,这几个单位相当于一个社区,而云资源不对社区外开放;公有云是指对公众完全开放的云资源;混合云则是前述两个或两个以上的云(私有云、社区云或公有云)结合起来形成的混合态的云。

二、SaaS 的优势

中国的信息化建设取得了长足的进步，但信息化建设的参与者和收益者主要是大型企业，而中小企业（例如美容企业）虽然也参与信息化建设，但其广度和深度都远落后于技术发展的步伐，究其原因主要是：

（一）缺乏资金

传统软件模式需要进行大量资金投入，主要是购买软件投入、购买硬件产品投入、定制化开发费用、IT人员的薪资开销等。对于美容店等机构而言，这些一次性投入及日常持续投入是较大的负担，由于缺少资金，许多中小企业对于自身信息化建设只能望洋兴叹。

（二）缺少信息化建设的人才和经验

由于缺乏资金，中小企业难以聘请和维持一支经验丰富、技术全面的IT团队，而软件开发商更关注大型企业的需求，并优先满足大型企业的产品开发和后期维护以期获取稳定的收益。在传统软件模式下，中小企业的信息化建设遭遇较大的瓶颈。

（三）现有产品不符合需求

在传统软件模式下，中小企业的个性化需求被软件开发商忽视。现有软件主要满足大型客户的需求，缺少为美容养生机构这些中小企业量身定制的软件，而量身定制又需投入大量人力、物力。在此情况下，中小企业常常感觉现有产品不好用，不会用，因此在信息化建设道路上踯躅不前。

在传统软件模式下，中小企业的信息化建设可谓困难重重，而 SaaS 服务模式则具有明显的优势，主要体现在如下 4 个方面：

（一）由传统的买卖关系变为新型的服务关系

传统软件模式是买卖关系，软件供应商和用户之间签署软件买卖协议或授权协议，用户需要一次性支付软件开发费用/许可费。SaaS 突破了传统的买卖关系，两者之间建立服务关系，软件供应商不再收取软件授权许可费用或者只是象征性收取。软件供应商将应用软件部署在云端，通过持续提供服务收取服务费。客户不必一次性支出高额的软件开发费用或许可费，而是根据需要选择供应商提供的特定服务，按需进行付费，客户拥有了更多的自主权和灵活性。从某种意义上讲，SaaS 是服务外包在软件行业的实践和体现。中小企业可以根据自身需求灵活选择服务，而不必接受一个"大而全"但实际应用存在困难的传统软件。

（二）投资大幅降低

传统软件管理系统不仅要配备成本较高的软件、硬件，而且对软硬件的配置要求也很高。同时，用户必须建立和维持 IT 队伍。因此，对于中小企业而言，传统软件模式不仅初始投入高，而且维持运转的开支也高。对于大多数缺乏信息化建设人才和经验的中小企业而言，建立和运维传统软件系统实在是一个令人望而生畏的障碍。SaaS 以云计算的方式存在，SaaS 服务提供商负责提供所有软件和硬件资源，用户仅需支付一次性的项目启动费用和定期支付软件使用费（租赁费），这不仅减少甚至取消了传统软件销售时的开发费用、授权费用以及日后的软件升级费用，而且用户无需购买服务器软硬件设备、网络安全设备等，这就大大降低了初始成本。

（三）项目部署周期缩短、风险降低

SaaS 是服务提供商在云端部署，其服务器、软硬件系统等无需重新购置，与传统软件模式相比，SaaS 部署的周期短，大大降低了项目的风险性。如果部署失败，用户前期投入有限，而不像传统软件模式前期已投入大量的软硬件及人力成本，这对于抗风险能量较弱的中小企业而言是重大利好。

（四）高效多用户及个性化定制

SaaS 通常是在一套标准软件系统基础上为很多用户同时提供服务，现有技术可将不同用户之间的数据和配置进行隔离，相互独立，互不干扰，从而保证每个用户的数据安全及隐私。与此同时，SaaS 服务商通过可配置的源数据为用户提供不同的体验环境，用户也可结合自身的商业需求进行个性化定制，例如，美容店可根据美容业特点及自身运营需要对 SaaS 系统的界面、业务流程、运算内在逻辑等进行个性化开发或修订，从而使通用软件成为量身定制的个性化系统。

三、SaaS 主要应用领域

SaaS 现在已为越来越多的企业和人士所熟知，上海、北京、

广东、江苏、浙江是中国目前 SaaS 主要应用市场。由于 SaaS 本身发展的成熟度及企业经营本身的特性,目前主要集中在几个常见应用场景。阿里云生态、阿里云研究中心及移动信息化研究中心于 2017 年 7 月发布的《2017 中国 SaaS 用户研究报告》显示,依据 SaaS 在用户中的应用类型,行政办公类 SaaS 的应用比例最高,达到了 84.7%,紧随其后的是营销管理类 SaaS,达到了 60.1%,而人力资源管理、财务管理两类 SaaS 的增长速度较快,分别有 10.3% 和 8% 的新企业客户想在未来一年内应用。对于中小企业(例如美容企业)而言,以下主要类型可予以重点关注:

(一)OA(Office Automation,办公自动化)系统

传统纸质办公,需要每个流程都要打印资料,然后逐级流转、层层审批。如果任何一个环节出现迟延,例如领导出差,则流程就会拖延,效率很低,这种情况已不能适用现代社会快节奏的竞争环境。OA 系统将流程事先确定,申请人发起申请后,则下一流程的负责人可在系统上进行审批,实现快捷、无纸化的办公。但是,如果 OA 系统是建立在企业内部的内网,则出差在外的人员将因无法连接到内网而无法使用。SaaS 突破了这一瓶颈,SaaS 服务提供商在云端部署 OA 系统,用户只要连接到互联网就可在线办公,即使员工出差在外或下班在家也可随时在线完成流程,真正实现了随时随地网上办公。

此外,传统的 OA 系统需要投入大量的前期成本,而测试环境、时间和效果都具有较大的不确定性,这都影响了 OA 系统的

大规模普及。SaaS则大大节约了企业成本，同时，通过模块化设计，向企业提供已经测试良好的OA系统，大大降低了企业的风险。SaaS是对传统OA系统的升级，更利于中小企业的大规模应用。

（二）HRM（Human Resource Management，人力资源管理）系统

HRM系统可帮助企业更好地进行人力资源的发展和规划，重点是实现人力资源部门在人事信息管理、招聘管理、奖惩管理、薪资管理、绩效考核等方面的管理需求。传统HRM系统包含了很多模块，但对于一些企业而言，仅仅需要其中的部分模块，大而全的传统HRM系统对于不具有技术背景的人力资源部门人员也是一个巨大挑战。此外，传统软件模式的供应商常常是打包出售软件，而不愿意仅出售少量模块来满足中小企业的需求，这无形中加大了企业的负担。SaaS模式下，云平台为用户提供各种模块供用户自行选择和组合，给予用户很大的自由度，使用难度也大大降低，更加人性化，也更加符合中小企业的需求。

（三）CRM（Customer Relationship Management，客户关系管理）系统

CRM指用计算机进行客户信息的自动化分析、进行市场营销、客户服务和技术支持等软件系统，企业应用CRM系统是想通过与客户建立高效的沟通渠道，能够进行有效的交互，在此过程中希望了解、理解进而影响甚至引导客户消费思维及行为，从而实现提高客户价值、增加客户黏性、为客户和自身双方创利之目的。在过去，企业了解客户和市场的传统方式是市场调研，通过访谈、问卷调查、电话调查等收集信息并进行分析，随着各行各业对大数据的关注，企业更希望获得更多、更有价值的客户数据。

移动互联网的兴起和普及为以 SaaS 为基础的 CRM 系统提供了无限的想象空间。相比传统方式，顾客可以更加便捷地通过 SaaS 平台与企业进行交流、互动，预约、购买、结算等交易行为都可以在平台上快捷完成，而顾客的消费习惯、购买能力、个人信息等都可被 CRM 系统收集和分析，这极大提高了企业的客户分析能力，也为进一步提高客户体验奠定了坚实基础。

四、"SaaS+O2O"的重大意义

O2O（Online To Offline）将线下交易的机会与互联网紧密结合在一起，使互联网成为线下交易的线上平台，线下服务与线上服务无缝对接，线上为线下引流客户，而消费者则可以通过线上平台挑选产品、服务，且交易流程亦可以在线完成。O2O 模式最重要的特点是：美容院可查询线上、线下的推广效果，可追踪所有交易过程，客户的服务体验得到大幅改善。美容院与客户之间通过移动互联网的方式建立一条传播的通路，以一店一版的架构构建了基础营销功能，而根据营销工具的不断增加，有效提升自

主营销与策划营销的网上传播方式。SaaS＋O2O系统的核心价值是提升管理效能，利用智能系统提高工作效率，加强一线人员执行力，同时降低顾客沟通和营销成本，提升客户的服务满意度，进而提升美容院营利能力，提高店铺复制效率，刺激顾客活跃度。

（一）SaaS＋O2O在美容业中的应用

美容业随着人民生活水平的提高而获得高速发展，但行业整体呈现"小""散""弱"的特征，无论是单个门店还是连锁机构，其信息化建设都比较落后，目前多数连锁机构主要使用一些简单进销存系统，而单个门店大多还使用纸质记录，没有使用任何软件系统。随着竞争的加剧及顾客对于效率和体验的要求逐渐提高，美容业急需简洁、高效的客户管理系统、店务管理系统，而互联网基础设施的普及和完善为SaaS系统的大规模应用提供了物理支持。SaaS＋O2O模式对美容业的各方参与者都产生巨大的影响，其主要体现在如下几个方面：

1. 用户角度：带来良好的用户线上、线下体验

线上预约、线下体验是O2O的核心意义，SaaS＋O2O模式在美容院能够完成从预约、服务、结算、事后跟踪等完整交易过程。用户了解实体店，但并非完全了解店铺所有的项目与产品，也并非了解这个品牌所传递的品牌价值是什么，那么移动互联网（手机端）的完整展现就是一个非常好的沟通和传播媒介。

从业务操作上看，顾客可能需要的仅仅是一个比较方便的导

航,或顾客只是在去实体店之前想了解一下美容师的排班情况,但从另一个角度看,SaaS实则是美容企业为顾客提供快捷的沟通渠道、良好的服务体验。经常到美容院的顾客通常有许多张卡,如果一个连锁机构有相对简单的操作端口,可靠又安全的虚拟卡,而且顾客可以及时、准确、全面了解自己的充值与耗卡情况,则无疑对于增加客户黏性、提高客户体验起到良好促进作用。

2. 美容业机构方面:建立了一个线上跟客户直接沟通的渠道

SaaS+O2O构建了客户体验评价系统,其作为一种互联网思维和运作的新兴商业模式,是线上线下融合的利器,是传统企业转型发展的途径,美容院可以借用此模式进行服务创新,提升客户体验,客户对于项目的服务可以进行直接评价,对开发潜在客户、挖掘现有客户、保留老客户更加有利。

SaaS提供美容知识论坛,其有专业的知识分析和分享,从论坛中可看到不同年龄、不同肤质、不同地域的人对美容的不同意见,同时还能阅读权威的美容编辑文章、各类美容达人的护肤分享,提供了目标群体互动的机会和场所,更是获取美容知识的线上渠道,拓展了获客途径,扩大了客户规模,增强了客户黏性。

SaaS+O2O有助于品牌传播和推广,其充分利用网络的跨地域无边界来传递品牌信息,利用其传达到众多用户的优势,使得品牌信息传达和接受程度更方便、快捷,更容易合理匹配,让消费者对品牌的感受变得更加愉悦。其合理挖掘了线下资源,对营销效果进行非常直观地统计、追踪和评估，线上千人千面、线下千店一面，更加利于品牌的推行，提高品牌价值。

3. 美容师方面：获得一个全面的客户跟踪系统

现在美容师对自己服务的客户，多数是将有关客户情况记录在纸质的小本子上，不但容易遗失，而且不利于客户信息的跟踪、统计及分析，很多美容师对客户的情况仅凭自己的记忆，没有全面、清晰的数据资料支撑，这样就导致对客户的状况没有动态的跟踪和系统的对比。SaaS系统提供护理日志功能，其核心是美容师将顾客的个人信息、身体状况、服务需求等信息进行详细记录，由于该等记录是在每次服务过程中形成的，这就形成顾客连续的、动态的个人数据库，可以实现对顾客的精准画像。每个美容师在顾客预约后，可通过手机非常便利地查看该顾客之前接受服务的情况、客户的潜在需求，从而形成有针对性的美容服务预案。事实证明，将护理日志维护、更新比较好的美容师，其客户满意度更高，而其服务的客户的消费意愿更强。

（二）自主营销

移动互联网及社交网络化开创了服务新时代，美容业迫切需要多样化、差异化和全面性的互联网推广服务，SaaS系统可结合微信公众号，其获取用户和传播成本更低，营销方便、快捷。在美容店的微信端，顾客触手可及、用完即走，参与性和体验性强，方便美容店的线下营销推广和线上引流交易同时进行。

SaaS可实现预知消费和提前推送功能。大数据分析与智能推送能够节约顾客的时间成本，同时提升顾客消费体验。通过一段时间的数据积累，借助准确的大数据分析，SaaS 能够精准地了解消费者的潜在消费需求，从而实现智能推送。例如，某个顾客在某个时间段有某些消费需求时，SaaS 就能够实现提前推送，实现智能化的精准营销。

（三）运营数据化

SaaS 系统能够助力企业实现运营数据化的目标，使企业能够真正实现对自身数据宝库的挖掘和变现，其主要体现在如下方面：

1. 让数据的完整性、实时性和可追溯性成为可能

数据的完整性与实时性一方面取决于软件的适用性，另一方面需要企业团队强有力的执行力才可以完美实现。对于 SaaS 在前端采集数据方面，首先，尽可能地减少或降低人为的操作以减少人为的错误和疏漏，比如使用 POS 机、与设备做接口；其次，尽可能使前端方便数据录入，同时提供便捷的语音识别录入；最后，将需要录入的内容转换为员工成长的驱动力或提成业绩的好工具。比如护理日志，美容师维护得越勤快、资料越完善，软件的店长端、老板端就越能清晰展示该美容师的勤奋工作，日志的完备程度可直观地体现出员工的工作态度和能力，这也就成为员工业绩考核的重要指标之一。对于员工而言，日志越完善其对顾客的了解将更深刻，服务将更优质，对于其能力提升、业绩提高将有明显的促进作用。SaaS 通过一系列设计，使得美容业数据的

完整性、实时性和可追溯性成为可能，真正做到了用数据创造价值。

2. 是客户精细化管理、精准客户营销的基础

SaaS端的店务管理系统，核心目的就是为了实现客户的精细化管理，尤其是对于美容业机构的顾客群体，无论其是否自己使用SaaS系统的顾客端（顾客端APP或微信公众号），美容业机构都可通过SaaS的商家端记录并处理好顾客的所有相关信息与资料，同时，对于顾客进行详细的标签化管理，为精准营销奠定坚实的基础。

3. 为管理决策提供实时、准确的数据和多维度的分析报告

SaaS的多维度数据分析模块，按照企业的组织架构及职责所需，根据管理层所需分配或调用的数据内容做相应的数据匹配分析，产生相应的数据分析报告。没有SaaS之前，美容连锁机构主要依靠人工进行跟踪和统计，数据的准确性难以保证，而且数据统计都是滞后的，SaaS可实现实时、准确地提供数据和多维度分析，这些数据和报告对于美容连锁机构的运营而言至关重要，改变了之前"摸着石头过河"的盲目性。

4. 系统具备高扩展性和可复制性、能够快速地复制和服务线下的门店

SaaS实现了一店一版功能，其基于微信端的应用操作非常简易。SaaS的具体功能一旦调整好，则可迅速复制到各个美容店，部署实施非常便利和迅速。对于连锁型美容机构而言，软件的高

扩展性保证了其应对各个地区不同需求的灵活性,而高度的可复制性,保证了连锁美容店 SaaS 系统在连锁机构中的快速推广和复制,从而实现高效率的全覆盖。

五、美容企业对 SaaS 的选择

美容企业的运营状况千差万别,其对于软件系统的主要关注点和需求重点也不尽相同。根据美容企业的规模(单店及不同规模的连锁店),可以看出其对软件功能的需求各有侧重:

不同规模美容店关注点对比

	大型连锁企业(大于 20 家门店)	中型企业(6—15 家门店)	小型企业(2—5 家门店)	单店
第一关注点	库存 & 财务管理系统、OA	CRM、OA	营销工具	营销工具
第二关注点	HRM	库存 & 财务管理系统	CRM	
第三关注点	CRM	HRM		

从上述分析可以看出,对于单个美容店而言,由于顾客和员工的数量相对较少,管理工作内容相对简单,其最大的需求点是 SaaS 软件能够提供拓客的营销工具,以满足其开拓更多顾客的需求。随着连锁美容店的数量增加,其内部管理的复杂性不断增加,对管理的要求也越来越高,因此,库存 & 财务管理系统、OA、HRM、CRM 都成了必需品。

SaaS 服务商需针对不同类型美容企业的差异化需求提供不同的解决方案，其中，针对数量巨大的单店及小型、中型企业，主要提供包括 CRM 系统、营销工具在内的 SaaS 系统，并且部署在公有云上。而对于大型连锁机构，可根据其个性化要求定制 SaaS 系统，提供库存 & 财务管理系统、OA、HRM、CRM 等全面解决方案。由于大型连锁机构更加关注数据的安全性，原则上这类企业都会要求 SaaS 系统部署在这些机构的私有云上。以上针对不同目标用户的精准定位，既减少了用户的投入成本、最大限度满足了不同层次用户的差异化需求，同时也降低了 SaaS 服务商的前期开发及后期维护成本。

第二章
开业与运营

企业从选址、招人、开业到日常运作涉及众多事务，由于行业和企业自身条件的不同，一个企业在运营方面与其他企业可能存在多方面的差异，但有些事物也存在共性。美容门店从开业到日常运营有很多实践经验可资借鉴，特别是在招聘、拓客及内部事务的分类管理方面有很多先进方法可供参考。运营就是要博采众家之长，将他人的好方法看得明明白白，将前车之鉴分析得清清楚楚。

开业三件事

美容院开业面临三件大事：选址、招人、拓客，这三件事缺一不可，任何一件做不好新店就可能面临失败风险。

一、选址

新设美容院的首要课题之一是在哪里开店，而选址对于许多老板而言各有心得，方法各异，有的甚至就是凭老板个人的感觉和喜好，但实践中有如下可资借鉴的经验：

（一）要明确美容院的定位，确定是开设商场店还是社区店。这两种店的租金成本有很大差异，通常而言商场店的成本高，更加考验门店的成本管控及盈利能力。此外，商场店前期装修投入高，营业时间受商场营业时间的限制，这也要求门店具有较高的日常管理和运营能力。但商场店有助于树立良好的品牌形象，对企业对外宣传有一定促进作用。

（二）要考察周围居民的消费力。对于中小美容企业而言，严密、广泛的市场调查成本高，自身技术也不可行，则可找一些其他业态品牌门店作为参考物。例如，如果是中小型社区美容店则可以把罗森便利店作为参照物，一般而言，罗森便利店都选址在周边居民较多的社区，且消费者通常便利可达的地段，因此，原则上与中小型美容院的顾客群体重合，可据此判断社区的目标客户群情况。

（三）要找在周边方便停车的场所。原则上周边可供使用的停车位数量达到门店床位数80％或以上者为佳。

（四）外部有可放置明显广告牌的店铺为佳。广告牌对于招揽周边客户的效果明显，有助于顾客很容易地获得店铺信息，大而醒目的广告牌也有助于彰显品牌实力。

（五）要确保用水充足，排水通畅。用水量可按预测的日均服务人次乘以每个项目的平均用水量再乘以1.2倍的系数测算，并以此确定热水器的容量和功率。同时，要考虑排水管的适当尺寸以确保排水通畅。

（六）选址忌在饭店、菜市场旁边，异味对于营业不利。也忌在KTV、麻将室等娱乐场所旁边，这些场所的噪音将破坏美容院的静谧氛围。

美容连锁机构在开店时，一个非常重要的原则是集中开店，即在一个地区集中开店，在一个片区集中开店，并且一个片区内起始就一次性开三家左右门店，这样做的根本原因是为关店做准备，即开店之时就要想到如何关店。首先，之所以集中开店是因为通常一个门店的服务半径为2公里，因此在一个片区相距2公里左右开三家门店时不会影响每家门店客源；其次，如果由于管理、运营等因素导致某家门店开业不顺利或运营困难，关店时候就可将顾客转移到临近的门店，实现有序关店，避免了无法继续服务顾客而引发的群体事件，可最大限度地维护品牌声誉。《易经·系辞》讲"原始反终，故知死生之说"，可见以关店思维考虑开店之事，则可无大过矣！

二、招人

招聘新员工是所有美容院面临的难题，目前美容院招聘通常有如下几个途径：通过网络招聘平台招聘，通过校企合作进行校招，通过员工及亲朋的推荐进行招聘，通过美容培训机构进行招聘，这几种方式通常混合使用，但从有效性上看，员工及亲朋推荐人员的成功率更高一些。一方面是由于熟人推荐信任度比较高，另一方面是因为推荐人对应聘人员的情况比较了解，岗位匹配度较高。从实际数据上看，熟人推荐人员在入职后的流失率大大低于其他渠道的招聘人员，因此，从团队稳定性上看，员工及亲朋推荐应作为美容院首选招聘渠道。

新员工是有过美容院从业经验的人员好，还是没有美容业工作经验的人员更优？这取决于美容院自身的具体情况。通常而言，对于没有自己完备培训体系、无法对员工进行系统培训的单店或仅有几家门店的老板而言，找一个能马上动手做服务的员工可能是最优选择，但对于有自己培训体系的连锁机构，招聘没有美容服务经验的人员可能更容易按自己的体系进行培养，免除了有经验人员既有经验和固有思维的束缚。

三、拓客

拓客是否成功决定了美容院是否能够顺利开业以及能否长久发展，目前拓客主要渠道分为线上和线下两大板块。线上渠道主要是大的互联网平台公司给予的推销渠道，这些渠道的收费较高，也就导致门店获客成本高。但目前顾客已习惯于通过网上获取消费信息，并且顾客主要依赖几个垄断性平台的信息和用户评价，这导致美容院为了线上拓客不得不接受平台的高价服务，但线上拓客项目又以低价为主，所以线上拓客项目本身利润微薄甚至亏损，门店寄希望于顾客到店后的后续销售能够创造利润。目前美容院无法摆脱线上平台，对线上平台是既爱又恨，线上营销有时成为"鸡肋"。线下拓客主要是在街头地推，通过销售体验卡引流，这种方式在二线、三线城市比较有效，但目标客户群的年龄都普遍偏大。从数据上看，二、三线城市地推拓客的成效明显，新店以地推拓客为主要方式，体验卡购买者到店率可达到60%—70%，到店后转化率可达到购买总量的30%—40%，因此，二、三线城市不应轻易放弃地推卖卡模式，而一线城市拓客卡更应侧重于线上平台及新媒体的运用。

拓客卡是免费还是低价，这通常成为一个难以明确量化分析的命题。从实践经验看，拓客卡（引流卡）不宜免费，因为即使是低价策略也可起到过滤作用，以便将消费意愿不强或非目标顾客过滤掉，提高到店顾客的成交率。同时，不免费策略也能够破除地推员工的惰性，避免员工无原则、无目的送卡，可以考核员工的拓客业绩。在实践中有一个非常重要且有效的经验，即让新店的店长带领全部新员工去卖拓客卡，一方面锻炼了新员工的胆量和表达能力，克服面对顾客的羞涩和胆怯，另一方面，更重要的是提高队伍的凝聚力，在拓客过程中新员工们逐渐熟悉，相互支持和鼓励，在战胜困难的过程中战胜自我，组织战斗力得到极大提升，这是对新员工最好的培训。

拓客卡的项目设置要因时、因地而异，同时也要考虑到项目自身特点。由于拓客卡通常价格低，因此从成本角度考虑，许多美容院选择了操作时间短、要求技术低的项目作为拓客项目，并让实习生或新手操作。由于实习生和新手做项目没有手工费或手工费比较低，也省去了成熟员工的手工费开支，但这种看似省钱的方式却恰恰违背了拓客的初衷。拓客卡的目的就是引流，并留住顾客进行持续消费，因此拓客项目承担着给顾客留下良好体验并在体验后立即成交的重要作用，如果为了省手工费而让实习生或新手去操作，服务质量难以保证，顾客的体验感也就不会好，自然也达不到拓客的目的，看似省钱实则浪费钱。拓客卡以及日常经营中的赠送体验卡都应由培训好的熟手进行操作，并且手工费应与正常项目保证一致，这样员工才有意愿做，服务质量才能保证。在具体项目选择上，夏天可用除毛项目作为引流入口，冬天可以面部补水保湿项目作为引流入口。一线城市可考虑以肩颈按摩为引流项目，二线城市考虑以拔罐养生为引流项目，三线城市以祛痘修复为引流项目。通常而言，一线城市拓客项目的操作时间要相对较短，而二、三线城市拓客项目的操作时间可适当拉长。

对于拓客引流而来的顾客，美容师及副店长在服务过程中应迅速、准确地了解顾客美容需求、消费能力以及与店内项目的匹配度。对于匹配度高的顾客，副店长应协助美容师尽快成交。对于新店而言，不应一下子推出许多项目，在前六个月内只做一两个自有项目，例如一个面部项目、一个身体项目，并全力以赴将顾客引入到这两个项目上去，如果顾客与这两个项目没有匹配度则应果断放弃营销努力。有的新开美容院刚开业就推出许多项目，出发点是给顾客更多选择，也可以显示自身的服务能力，但由于新店的员工多数是没有丰富工作经验的新员工，虽然开业前都经过培训，但不可能每个项目都很熟练，结果可能是样样都会但样样稀松，这会导致顾客体验感差，门店后续发展将严重受阻。实践表明，新店开业的前 6 个月如能把个别项目做透、做精，就能留住顾客并能在半年后升单，以此奠定顾客日后持续消费的基础。新店切忌项目大而全，少而精才是其生存发展之道。

开门三分清

美容院开门营业就面临着如下三大重要事务：顾客分级、项目分类以及员工分工。对于美容企业的管理层来讲，一个重要的管理技能就是将顾客、项目及员工分别进行内部细分，只有分得清清楚楚，才能管得明明白白。

一、顾客分级

对顾客分级的方法众多，各个企业都可以有自己的标准和思路。从日常运营及数据统计的角度，可以根据顾客的年度消费额进行直观分类及分析。此处"年度"是指开始此项统计工作时点前十二个月的累计数据，而不是自然年度的概念。顾客根据年度消费金额可分类如下：

消费金额（元）	顾客级别
2 000—8 000	入门客（黄金客）
8 000—16 000	日常客C（铂金客）
16 000—30 000	日常客B（美玉客）
30 000—100 000	日常客A（钻石客）
≥100 000	超钻客

除上述按消费金额进行的分类之外，另一个分类维度就是到店频率。通常而言，连续三个月内到店两次的顾客就是优质的稳定客，该等顾客的护理习惯已养成，只要美容院的服务态度、项目质量不出现大的波动，这些顾客将会持续进行护理并消费，因此，美容院应着力培养和呵护这些稳定客。

稳定客季度占比是指稳定顾客数与季度内顾客保有量之间的比值（季度内顾客保有量是指连续三个月内到店的人头数）。例如，连续三个月内稳客数为20人，到店总人数是100人，则稳定客季度占比为20%。通常而言，该比例达到或超过30%是良性的客流状况。因此，门店要每月统计此数据的动态变化，以此跟踪门店客流是否正常，并据以指导美容师的预约和服务工作。

在跟踪稳定客到店状况的同时，门店应根据自身收入目标来确定不同级别的顾客的年度消费目标数。门店要盘点保有的全部顾客信息，详细分析、判断顾客的护理需求及消费意向，进而制订针对每个顾客的年度保养规划及年度消费金额预测，从而汇总测算出门店年度总业绩金额。如果统计后数据低于年度业绩目标，就要看增加哪一类顾客的数量才能顺利达成目标。以下是某门店对顾客盘点的初步模拟：

顾客级别	消费预测值	预测顾客量	消费金额（元）
入门客（黄金客）	5 000	100	500 000
日常客C（铂金客）	12 000	60	720 000
日常客B（美玉客）	23 000	20	460 000
日常客A（钻石客）	65 000	10	650 000
超钻客	100 000	5	500 000
合计			2 830 000

如果该门店的年度业绩指标是320万元，则预测消费额与目标还有37万元的差距，这需要门店对顾客进行更深入分析，一方面看哪些顾客还有提高消费金额的可能，另一方面则是加大拓客力度，增加新客数量。此外，门店还可加大家居产品的销售力度，通过提高家居产品单客销售量来弥补一部分差额。

根据实践中的数据显示，8—11个床位的美容连锁机构单个门店的年度入门客及以上级别的顾客达到200人，则此门店大概率处于盈亏边缘，能够生存；达到250人，则此门店处于略有盈余状况；如果达到300人，则盈利状况较好。为了达到上述顾客量，门店的顾客保有量应是上述人员数量的两倍，即如果要年度入门客及以上级别顾客达到200人，则门店的顾客保有量应达到

400人。对于一个门店来讲，每天、每周、每月都要持之以恒地全面、彻底地盘点顾客，并不断扩大顾客基数、提高顾客的人均消费水平，才能将门店有限的资源发挥最大效能以实现经营目标。

门店根据经营指标确定不同级别顾客的目标数量后，就可对店长、副店长和美容院下达指标，引导大家分工配合完成顾客的成交和消费。店长、副店长应辅导美容师完成顾客需求的收集和新项目的初步铺垫，由副店长或项目公司老师实现成交，有计划、有节奏地实施销售工作，一定要避免顾客每次来做项目都对其进行销售，应基于顾客需求及年度规划来进行销售内容和推销时点的规划。

顾客分级的根本目的是对顾客的分层服务和管理，门店销售绝不是强压式推销，也不是基于个人感情的乞求式营销，而更应是基于理性分析的、能够为顾客带来效果的价值交换，这样的营销才令人愉悦，顾客消费才能持久，顾客也就成为门店的业绩之源。

二、项目分类

美容院的项目众多，经营时间比较久的门店甚至有超过一两百个各种名目的项目，这不仅加大了员工培训的难度，众多的项目也意味着顾客会被频繁的推销所困扰。随着顾客消费渐趋理性，美容院应将项目合并同类项，去除为了营销而刻意创造出的不同名字的雷同项目，并基于顾客需求重新对项目分类，这样做减法的益处是既便于员工掌握，也利于顾客轻松理解和选择。

从便于内部管理及员工培训角度，按项目的功能分类更易于员工理解。美容院的项目大致可分面部及身体两大类，面部项目主要是解决皮肤的健康和美丽问题，而身体项目主要是解决健康问题。

人类的皮肤由外向内大致可分为表皮层、真皮层和皮下层，其中表皮层决定着肤色、细腻度、光滑度和水润度，真皮层决定紧实度、弹性度、水润度，皮下层决定弹性度和饱满度。美容院项目针对皮肤的不同层发生作用，其中，解决表皮层问题就会让人看起来更健康，解决了真皮层问题则会让人更年轻，而皮下层则决定了人的面部轮廓和皱纹。身体项目从功能角度可大致分为保持身体平衡态、调养健康态和治疗亚健康态。

从上述分析可以看出，面部或身体项目都可分为三个维度，所解决问题的难度也有梯度，前两个维度主要是保养类项目，而最后一个维度则侧重于改变面部或身体的现状，属于改变类项目。保养类的两个项目中，难度最低的项目一定要门店员工自行操作，这是门店做好顾客黏性的抓手，也是门店成本最低的项目，是门店持久生存的基石，可称为起步项目。难度中等的保养类项目不一定要门店员工自行操作，可以与外部项目公司合作完成项目成交和服务，此类项目定价通常是起步项目的2—3倍甚至4倍，这是门店利润之源，可称为飞跃项目。改变类项目的顾客群体是小众的,其主要面对有强烈改善或改变需求、消费能力强的高端顾客,其定价根据项目不同组合因人而异,可称为腾飞项目。各类项目的管理关注点如下:

项目类别		顾客端	员工端	业绩
保养类	起步项目	顾客舒适、性价比高	员工手工费有保障,技术易掌握、喜欢做	以量取胜,提高普及率
保养类	飞跃项目	科技感强,即时效果明显,顾客有惊喜	员工需善于发现顾客需求,匹配项目功能,能为顾客做项目规划	以质取胜,以稳定客为主要顾客群
改变类	腾飞项目	定制化方案满足高端需求	员工需自己打版,有自身体验并高度认可后向顾客推介,需体现专业性和有效性	以质取胜,以有消费能力和意愿的重点顾客为目标顾客群

门店梳理项目类别完毕之后,就要为门店每个顾客进行年度项目规划。基于顾客的需求、以往消费记录、消费习惯以及未来消费预算为顾客规划出项目组合,例如,为某个顾客年度规划了面部及身体起步项目各一个、面部及身体飞跃项目各一个,并为其规划面部腾飞项目一个,在项目规划完成后也就明确了该顾客的分类,假设该顾客年度项目预算为 2.8 万元,则该顾客属于日常客 B(美玉客)。在所有顾客的年度项目规划盘点完成后,门店的顾客分类也就完成,同时也完成了门店的年度收入预测。顾客盘点的一个重要目的是实现有节奏、有节制的销售,要根据顾客

的需求及年度规划的节点进行推销，而不是门店的每个项目都要推销给所有顾客，要做到有的放矢，项目仅推介给匹配度高的顾客，避免为了业绩而盲目四处出击，否则就会没精力服务好有真正需要的顾客，又把没有需求的顾客烦得不得了。

三、员工分工

美容院的员工通常可分为美容师、副店长（顾问）和店长三大类岗位，从岗位价值创造角度看，美容师体现更多的是服务价值，副店长（顾问）侧重于销售价值，而店长主要是管理价值。各岗位的职能虽然各有侧重，但实际工作过程中又有职能交叉和配合。

（一）美容师

基于美容师的服务价值，美容师岗位特别要求其技术、专业和服务能力，并在此基础上兼具一定的项目销售铺垫和咨询能力。其岗位核心能力为：

基础知识扎实、专业技术手法熟练。美容师对保养类项目的专业知识要烂熟于胸，手法纯熟，基于标准化话术形成适合自身表达特点的个性化话术，结合具体案例形成有血有肉的表达，并能够捕捉和挖掘顾客需求，在与顾客密切接触中跟踪项目效果并完成项目的升级。对于改变类项目，美容师要在日常服务中体察顾客需求，并能够向顾客介绍改变类项目的作用和案例，引发顾客兴趣，并协助副店长或外部项目老师成交。

耐心、细致的顾客邀约与效果跟踪能力。美容师要掌握邀约技巧，根据顾客年度项目规划及项目消耗计划邀约顾客到店完成项目，并在项目完成后持续跟踪项目效果，督促顾客按时、按使用说明正确并持久地使用家居产品，以便在顾客按时、按量完成日常家居护理的同时及时督促顾客到店进行耗卡消费。

基于同理心的良好沟通能力。许多顾客来美容院消费是为了享受舒适温馨的环境以及寻找可以释放压力的倾诉对象。美容师不仅要用手服务好顾客，更需要用同理心陪伴好顾客。美容师要学会倾听，具有一定的共情能力并成为顾客的知心妹妹，这样可达到服务的最高境界。

根据美容师能力、素质的不同，可以分为如下几个等级：

级别	技术	专业	服务	销售
铜牌手艺人	掌握两个起步项目技术	学会支撑两个起步项目的专业知识	熟悉接待礼仪，学会服务标准流程	无
银牌手艺人	掌握所有起步项目技术	学会支撑所有起步项目的专业知识	熟悉接待礼仪，熟练掌握服务标准流程	为顾客进行起步项目的咨询（展示专业、发现需求）及成交
金牌手艺人	掌握所有起步项目、飞跃项目技术	学会支撑所有起步项目、飞跃项目的专业知识	熟悉接待礼仪，熟练掌握服务标准流程，具有同理心，能与顾客建立亲密关系	为顾客进行起步项目和飞跃项目的咨询（展示专业、发现需求）并成交，为顾客进行腾飞项目的咨询（展示专业、发现需求）

续　表

级别	技　术	专　业	服　务	销　售
钻石手艺人	掌握所有起步项目、飞跃项目技术	学会支撑所有起步项目、飞跃项目的专业知识，掌握腾飞项目一定知识	熟悉接待礼仪，熟练掌握服务标准流程，具有同理心，能与顾客建立亲密关系	为顾客进行起步项目和飞跃项目的咨询（展示专业、发现需求）并成交，为顾客进行腾飞项目的咨询（展示专业、发现需求），独立管理30位以上的稳定顾客

原则上，一家美容院的美容师人数是床位数基础上加二，即如果8张床的美容院，则应配备10位美容师，其中需要有20%—30%的钻石手艺人才能确保门店的服务能力和质量。美容师分级后就需加强培训，尽快让铜牌、银牌手艺人晋级，并在薪资福利上拉开距离，促使美容师不断学习、训练，精进手艺以持续提升自身价值。

（二）副店长

副店长岗位的销售价值集中体现在顾客项目规划、销售计划及耗卡管理上，并在此基础上兼顾员工日常管理。其岗位核心能力为：

销售及售后服务能力。副店长要有强烈的服务意识和销售激情，能够为顾客进行年度项目规划，并能凭借自己销售技能成交。在成交后持续跟踪顾客的耗卡进度，并督促美容师及时邀约顾客到店，持续跟进月度耗卡频率及年度服务规划进度，并适时调整服务方案加快消耗。副店长需持续关注顾客满意度，在顾客到店频率下降或有抱怨情况下应立即回访顾客，明确原因并提出应对方案。

员工管理能力。副店长能够主持员工日常会议，并对美容师进行专业知识、手法技能的培训，指导美容师达成工作目标。

日常店务管理能力。能够按床位安排美容师有序服务顾客，并按美容师级别匹配顾客量。能够管理好门店的环境卫生及物品进销存，并安排好门店各项行政、后勤工作，按时完成各项统计表，协助店长完成日常店务管理工作。

以副店长的销售及售后服务能力为主要标准，副店长岗位可分为如下三级：

初级：能够为顾客进行起步项目和家居产品的年度规划及完成独立销售，并能够跟踪顾客耗卡进度，顾客满意度高，无重大投诉。

中级：在初级基础上，能够为顾客进行飞跃项目的年度规划及独立完成销售，并能够铺垫腾飞项目，与项目公司老师配合、衔接完成腾飞项目的成交。

高级：在中级基础上，年度能够完成 60—80 位顾客保养及改变项目的年度规划，并完成年度耗卡计划。

副店长的核心价值是销售价值，因而其薪资、奖金应与业绩挂钩。美容院应从自身经营状况出发，对业绩中的收现业绩指标和耗卡业绩指标做出权重区分。有的美容院只考核收现业绩，导致副店长和美容师只注重卖卡而不关注耗卡，使得门店出现重销售、轻服务的不平衡状态，影响门店的稳定持久发展。通常而言，收现业绩与耗卡业绩之间的权重比应达到3∶2左右，这样才能引导员工既要卖好卡又要做好售后服务，促使员工更加关注顾客按规划完成耗卡的进度。

（三）店长

店长是一个门店的核心，是门店运营、管理的枢纽，其能力和意愿直接决定了门店运营之优劣以及生死存亡。根据大众点评《中国美容业报告2021》披露，美容美体行业中只有一家店的品牌占比约89%，50家以上连锁门店的品牌占比约千分之一，由此可见，绝大多数的中国美容美体门店是老板自我经营，其既是投资人又是作为店长的管理者。店长的核心作用要求其具备如下关键能力：

组织建设能力。门店经营实质就是经营人，店长首先要具有人员招聘及培训的能力，能够带教美容师专业知识和技术手法。当然，大型美容连锁机构通常由总部教育部、培训部提供员工培训支持，但是日常工作细节的培训、考核仍需店长落地并执行。店长要做员工的晋升计划、职业规划，协助员工做收入规划，关心员工的工作、生活及精神状态，贯彻落实门店的各项规章制度，弘扬企业文化，打造能战、善战、愿战的队伍。

项目建设、资源整合能力。项目建设的责任在于老板，连锁机构的店长负有改善项目的责任。选择什么项目进行立项，要考虑目标顾客群的需求、员工能力匹配度、项目盈利预测、产品供应链稳定性等诸多因素，一旦立项失误不但浪费大量人力、物力，更是对顾客信任的系统性打击。对于自身无能力研发项目的门店，更稳妥的方法是引进在同等规模门店已成熟落地的项目。店长要统筹内部、外部两种资源，将外部项目公司资源、医美资源与内部员工及顾客进行对接、整合以实现效益的最大化。

计划及执行能力。店长要能够制订门店年度经营规划，并将其细化为月度、周、日的工作计划，通过每日的考核、督导使计划落地，并在执行过程中予以改进。店长应善于把目标分解成每个员工的任务，并紧盯每个员工达成目标，不达目的不罢休。

店长在具备上述核心能力基础上，还要完成如下主要日常工作：

经营规划。首先是顾客经营，一方面是数量经营，即通过线上、线下等方式进行拓客，使店面顾客量达到饱和，另一方面是质量经营，包括顾客项目规划管理、耗卡管理、满意度管理。其次是员工经营，一方面是员工数量经营，要通过老带新、社会招聘、校企合作等方式招聘新员工，还要通过员工关怀、有竞争力的薪资福利留住老员工，千方百计保证员工满员齐编。另一方面是素质经营，最重要的是对员工进行系统培训和考核，畅通员工晋升渠道，同时加强员工每日工作监督，在日常工作中提升员工服务水平和素质。再次是项目经营，一方面是项目进入人数的经营，主要是项目人数目标及年度项目规划节点，按时间轴有步骤地实现数量目标，另一方面是项目业绩经营，要设计各种营销活动和方案，与副店长、美容师盘点目标顾客并共同做好销售计划，同时做好所有服务参与者的分工配合方案。

营销落地。首先，店长要抓好自有项目的营销管理。由于自有项目是每日的例行工作，其特点是简单、重复和可预期，每个美容师对项目技术、流程都很熟悉，因此店长制订项目排期、目标后就可分解到每位员工，并要求员工注重细节，从预约管理、服务过程、销售话术到售后服务全流程严格按标准化执行，进而实现员工自管理。其次，店长要统筹规划门店定期或不定期举行的活动营销。第一步，要与员工一起梳理目标顾客，逐客逐项分析制订销售计划，然后将目标分解到个人，店长与副店长协助美容师进行话术、技术、手法等准备；第二步，与项目公司或外部专家、营销公司等协商确定活动日程、详细流程，并准备场地和物料；第三步，店长要进行过程管理，对员工的话术、技术、专业知识进行考核和验收，督促员工做好预约工作，在服务过程中跟踪顾客满意度，在活动期间每日开小结会，在活动结束后开总结会，以具体数据为基础进行得失分析，并奖优罚劣。

日常管理。主要集中在四个方面：第一是开好会，店长要将门店的会议组织好、实施好，通过会议设定目标、回顾反思，会议要高效有成果，每日会议力避无目的漫谈，会议主题和实施方案清晰、内容详尽并将责任落实到具体人员。第二是管好人，每日要进行顾客管理，包括预约管理、耗卡管理及顾客满意度管理。每日进行员工管理，包括对各岗位人员日常工作进行督导、人员心态及工作状态调整。第三是管好店，包括店面环境卫生管理、员工仪表仪容管理，还包括门店收银管理、物料进销存管理。第四是算好数，店长要督促员工完善顾客档案、填写日报表，店长需对各类数据进行统计、分析，形成对经营有指导意义的数据报表，并将信息和结论共享给员工，更重要的是辅导员工理解数据背后的意义。

时间投资与工作日程表

孔子曾感慨："逝者如斯夫！不舍昼夜。"时间对每个人都是公平的，不会因为人的高低贵贱而每日多给或少给一分一秒。时间是最平等也是最能自我掌控的个人资本，怎么投资及投资到哪里都取决于每个人的志趣、智慧与意志。有人投资于锻炼，收获了健康；有人投资于读书，收获了知识；有人投资于饕餮盛宴，收获了口福；有人投资于网络游戏，收获了虚拟世界的快意恩仇；有人投资于创业，收获了财富。同样的资本，但产出却迥异，这取决于每个人的抉择或时间投资方式的差异。做好时间投资，人生将因此而精彩。

一、时间投资

经济学的"二八定律"告诉我们一个企业80%的利润来自它20%的项目,而个人的主要成就来自20%的关键事务,因而,一个人应该将80%的时间投资于20%的重要事务之上,将事情合理排序,优先做有意义的重要事。

(一)投资优先顺序

在日常生活及工作过程中,为了实现时间投资收益最大化,就要在有限的时间内做更多的事,多做有意义的事,实现投入产出比最大化,其关键是确定时间投资优先顺序:

1. 重要且紧急之事:立即做

这类事务要立即行动,且原则上应亲自参与或跟踪指导,要亲自看到成果。顾客在门店摔伤或顾客有重大投诉,老板应第一时间参与处置。客户受伤或投诉的最佳应对方式是反应迅速、态度诚恳。此外,如果媒体上门报道门店不合规经营、客户纠纷或者管理部门登门检查,店长等管理者应立即接待。如果发现有对企业不利的报道或检查结果,老板应立即与相关部门和人士进行沟通,提供证据材料并解释原因,不能等事件发酵、舆情沸腾了才补救,那就会错失良机并后悔莫及。对于重要且紧急的事务,应第一时间反应,并做最大的时间投资预算,这样才能实现最佳产出或避免最差结果。

2. 紧急但不重要之事：让别人做

人们常把紧急的事当成重要的事，认为必须优先做、亲自做，但这类不重要的事可以让别人做。例如，美容门店急需采购一批护肤品，店长可安排下属紧急从长期供应商购买，不必花时间亲自动手。

3. 重要但不紧急：按计划做

这类事务通常所需时间周期长，计划性强，管理者要制订好计划并按时间节点推进。门店员工培训是店长重要的且长期性工作，但此项工作却不是马上要完成的，也不可能一蹴而就，因此店长要做好详细计划，监督员工按时完成培训课程并按节点进行验收。此类事务最忌拖延，责任人应严格按照计划执行，不能因为其他事情而随意调整日程，否则一拖延就把事情拖成紧急且棘手。

4. 不重要且不紧急：尽量不做或慢慢做

人们日常生活包括许多不重要且不紧急的事务，这有助于放松精神，享受惬意生活，但在工作中对于此类事务，应尽量少做、慢慢做或交给他人做，以便集中大部分资源主攻重点，将时间投资尽量合理化、高效化。

(二) 员工真的很忙吗？

企业老板及管理层不仅要做好自己的时间投资规划，而且要帮助下属同样做好时间投资，只有企业中的每个人都能够进行高效的时间投资，那么企业整体产出才能硕果累累。实践中员工经常抱怨工作太忙，白天忙碌不已到了晚上还要加班加点。人事部门经不住职能部门的抱怨，就跟老板请示招聘更多的人来减轻工作强度。员工特别忙，忙得天天加班，可能有各方面的原因：首先，确实工作量大，人手不够，员工超负荷工作；其次，可能是员工的工作方法不对，工作效率不高，导致工作时间拉长；最后，也可能是个别员工故意拖延时间以赚取加班费。笔者曾调研某企业，某个部门人员经常加班，经过各方面的仔细面谈和沟通，并最终从该部门负责人处得到确认，真实情况是该部门的工作有技术含量，岗位需要一定技能和经验的员工，该部门负责人认为如果老员工一旦流失就很难招聘到合适的人员，但由于公司薪资制度决定了该部门人员的基本薪资不能超过市场平均水平，也不能大幅高于其他部门，于是该部门负责人就有意让下属在正常下班后晚走几个小时做些无关紧要的事情，以便下属能够赚取加班费，从而变相提高下属待遇以便稳定员工队伍，这实质上是该部门有组织性地进行加班作弊。挽留员工应解决体制和机制上的根本问题，而不能通过饮鸩止渴的方式导致问题复杂化。

　　老板或人力资源部门如何识别员工是否真的很忙，是否在正确地忙，是否在忙正确的事？这就需要借助时间管理工具。实践中，律师有计时和计件两种收费方式，其中计时方式通常以 0.1 小时为时间单位来记录为客户提供服务的具体内容、时长。例如，给客户打电话讨论合同条款用时 0.3 小时，起草合同内容用时 0.5 小时，总共用时 0.8 小时，乘以小时费率就是计时律师费总额。律师计时要求简明、扼要、准确、无遗漏。律师的计时方法也可用于所有企业的工作时间管理，员工可采用计时表来记录自己的工作内容，管理者通过计时表就可直观、量化地分析员工的工作内容和强度，并相应对员工工作效率、成果作出比较客观的评价，进而清晰评判员工的工作状态和时间管理状况。

某大型美容连锁企业财务部门人员经常抱怨工作量大导致经常加班，为了了解真实情况，笔者对该企业财务部 20 多名员工进行了计时方法和规则的集中培训，明确了计时表的格式和填写方式，之后要求每个人在下班后半小时内将当日工作计时表发给财务总监，并由其汇总后提交笔者分析。经过两个月的跟踪及统计分析，笔者发现：

1. 财务部做了许多重复性工作。该部门负责近百家门店的数据统计工作，并负责超千名员工的薪资计算，但门店日报经常出错或调整，导致汇总数据跟随门店数据变化而要经常调整。此外，业务部门调整美容师手工费计算规则、项目提成费标准等政策时不与财务部事先沟通，财务部依据原有政策计算员工收入，但到月度发放工资前才发现业务部门已发布新政策，于是所有工作要推翻重来。由于部门之间配合不佳，工作流程存在瑕疵，导致增加许多无效工作量。为此，笔者建议并协助该企业各个部门之间进行流程改造，严格各部门数据化责任，确保数据提交的质量和时限，从而减少了不必要的重复性工作，提升了效率，减轻了财务部门员工的整体工作量。

2. 一些人经常是一天的工作计时表仅记录了两三个工作事项。经过跟踪调查，发现有的人电脑软件使用不熟练，不能灵活使用计算公式等快捷工具，导致工作效率低，而且错误率高，许多时间浪费在反复修订错误数据上，所做的事很少，但用时却很多，因此，笔者建议对这些人加强技能培训。另外还有人的工作量确实不饱和，于是笔者建议对部门内部的工作分工进行调整，让负责门店较多的人分流一些门店给工作量不饱和的人员，实现人均工作量基本相近，这样一方面减少工作量大的员工的加班可能性及加班时间，另一方面又减少内部由于工作量不均衡导致的矛盾。

3. 根据员工计时表工作内容及当日工作总时间的统计分析，发现个别人具有严重的拖延症，经常将工作拖到下班后进行，严重影响下一道工序人员的工作进度，迫使他人也不得不陪着加班。对这些人进行培训和指导后，有部分人工作方式、方法及习惯发生了改变，工作效率得到了提高，但部分人不愿做出改变，企业对这部分人员进行了劝退。

在经过三个多月的计时跟踪及采取有针对性的应对措施后，财务部的工作效率整体提升，每个月出报表时间比之前提前了十天，与其他部门之间的衔接和沟通更加通畅，部门内部分工更加合理，工作量分配更趋公平，员工内部关系更加融洽。虽然部门劝退了几个人，但留下来的人也不再抱怨工作繁重，而且加班量大幅下降。由此可见，成功的时间投资需要科学的时间管理工具，运用科学的工具可以发现企业运营、管理流程中的瑕疵，也可识别员工工作能力和意愿。企业不希望员工怠惰，要让员工忙起来，但还要让员工有效率、有效果地忙。盲目地忙，就是时间投资的亏空，不但无益于事业发展，还往往帮了倒忙。

二、员工工作日程表

美容院最重要的两个岗位就是店长及美容师，其时间投资效益的高低直接决定美容院的成败兴衰。美容连锁企业尤其要注重培养店长及美容师的时间观念，引导他们规划好事务，分配好时间，以便高效地做事并创造高效益。

（一）店长日程表

店长是门店运营的枢纽，其工作职责主要体现为管理价值，从时间轴上看其日常工作重点和关注点如下：

时　段	工作项目	工作重点及关注点
8:30—9:30 （视门店营业 时间而定）	1. 早上管理层碰头会	1) 确定当日目标，并明确每个管理人员带领员工要完成的耗卡额、新卡量、服务人次。 2) 确定每个管理人员要带领哪些美容师分析当日预约顾客中的重点、难点顾客及应对方案。 3) 明确当日外部项目公司的工作内容和对接人，对新的启动营销做出人员及物资安排。
	2. 晨会	1) 优秀员工分享经验，激励员工。 2) 创造积极的、充满活力的工作气氛。 3) 员工出勤确认。 4) 工作调派。

续 表

时　段	工作项目	工作重点及关注点
8:30—9:30（视门店营业时间而定）	3. 人员情况确认	1) 美容师与顾客匹配情况。 2) 员工服装、仪容及精神状况。
	4. 店内情况检查	需检查如下事项： 1) 推广单页齐全，摆放有序，台面整洁无尘，设备设施功能完好。配备茶水，茶杯备足并消毒。 2) 当天预约客人的资料夹放于咨询间。抽屉里物品摆放整齐。 3) 美容师用75％酒精擦拭电话机、电脑键盘、刷卡机、计算机、美容仪器，按说明书对专用设备进行消毒。 4) 美容师整理书报架，清点产品柜产品。
9:30—10:00	1. 开店情况检查	1) 大厅地面干净无尘，门面玻璃透亮无渍。 2) 护理间床上干净平整呈待客状，床下用品整洁齐全，房间门把手无油渍。 3) 卫生间空气中有香薰味道，纸巾折成三角形，用品充足，马桶及垃圾桶整洁无异味，水池无水渍。 4) 播放指定背景音乐，公共区域灯光照明良好。
	2. 当日重点工作规划	1) 人员培训计划 2) 收现计划 3) 耗卡计划 4) 重点顾客回访计划 5) 其他（新项目引进、市场调研等）
10:00—11:30	1. 营业问题点回顾	1) 昨日未达标项目原因分析及应对措施。 2) 针对营业问题点与相关人员沟通改善举措。
	2. 库存状况确认	1) 检查安全库存，低于安全库存量的物品需补货。 2) 物品有效期确认。 3) 新项目所需物品采购及库存情况清查。

第二章 开业与运营

续 表

时 段	工作项目	工作重点及关注点
11:30—13:30	1. 营业巡查	1) 员工排班是否顺畅。 2) 顾客接待是否及时、热情,顾客抱怨的及时处理。 3) 协助完成重点、难点顾客的成交。 4) 安抚员工情绪。 5) 背景音乐的音量调整、空调温度调整。 6) 护理完毕的护理间的整理是否勤快及清洁,是否影响接待下一位客人。
	2. 午餐	与有情绪的员工共进午餐,进行心理辅导。
13:30—17:30	1. 周边竞争者调查	1) 周边竞争者营销活动分析。 2) 周边竞争者新项目定价及内容了解。 3) 周边竞争者顾客量、员工状态了解。
	2. 内部协调	1) 员工排班协调。 2) 当日目标顾客销售的分工与配合。 3) 非预约顾客的服务安排。
	3. 教育培训	1) 员工企业文化教育,手法及专业知识培训及考核。 2) 员工内部技能竞赛。 3) 师徒制成果展示及传帮带工作推进。
	4. 重点顾客回访及沟通	1) 重点顾客的电话回访,生日或节假日问候,征询建议。 2) 现有项目效果跟踪,新项目推介。
	5. 与项目公司协调	1) 外部项目立项研讨。 2) 外部项目营销策划,潜在顾客梳理、挖掘。 3) 有关新项目的人员培训,物料准备。 4) 外部项目公司人员与内部人员工作衔接与配合。
	6. 对外沟通	1) 对上级总部的汇报、沟通,内部资源调配。 2) 与外部主管部门的协调、沟通等。

续 表

时　段	工作项目	工作重点及关注点
17:30—20:30	1. 营业高峰时段巡查	1) 对副店长及美容师进行顾客咨询及协同销售情况检查，协商重点、难点顾客的应对方案。 2) 与有医美需求的顾客当面沟通并铺垫项目。 3) 大厅、卫生间、护理间等重点场所卫生状况检查。
	2. 晚餐	与当日业绩不佳的员工共进晚餐，分析初步原因，鼓舞员工士气。
20:30—打烊	1. 当日收尾工作	1) 店内清洁，收纳物品。 2) 收银统计，现金及账册的保管收存。 3) 当日营业数据报表填写和汇总，顾客档案完备性检查。
	2. 夕会	1) 简要通报当日到客人次、服务项目数、收现业绩、耗卡业绩，未达标人员及项目，店长对达标及未达标的人员及项目给予点评。 2) 比照周目标检查完成的进度，确定次日四大目标：到客人次、服务项目数、收现业绩、耗卡业绩。 3) 确定次日晨会需上台分享成功经验的员工名单。

（二）美容师日程表

美容师是门店服务的最前沿，是与顾客密切接触的人员，其工作职责主要体现为服务价值，从时间轴上看其日常工作重点和关注点如下：

时　段	工作项目	工作重点及关注点
8:50—9:30（视门店营业时间而定）	1. 晨会	1) 学习优秀员工的成功经验，与自己的工作方式、方法对比并找出差距。 2) 对小伙伴的闪光点进行赞美，并发表感言。 3) 锻炼上台演讲能力。 4) 明确自己当日工作目标。

第二章 开业与运营

续　表

时　段	工作项目	工作重点及关注点
8:50—9:30（视门店营业时间而定）	2. 仪容仪表	1) 发型整齐，应淡妆，不配戴任何手部首饰，保持指甲修整、干净。 2) 穿制服及配套胸卡，制服应干净、熨烫平整。 3) 口腔气味清新无异味，上岗前咀嚼口香糖。 4) 根据季节使用香水，气味清淡不浓烈。
	3. 卫生工作	1) 用75%酒精擦拭电话机、电脑键盘、刷卡机、计算机、美容仪器，对专用设备按说明书进行消毒。 2) 椅凳洁净无尘，鞋柜里无异味、无尘，客用拖鞋数量备足并整齐摆放。 3) 卫生间空气中有香薰味道，纸巾折成三角形，用品充足，马桶及垃圾桶整洁无异味，水池无水渍。 4) 护理间床上干净平整呈待客状，床下用品整洁齐全，房间门把手无油渍。 5) 梳妆台整洁无屑，镜面无指印，用品齐全，摆放有序，梳子上无头发，弹力素、护手霜的按头方向一致，纸巾折成三角形，75%酒精棉擦拭手柄镜。 6) 大厅地面干净无尘，门面玻璃透亮无渍。
9:30—12:00	1. 服务工作	1) 调理及准备美容用品、用具。 2) 根据预约顾客的喜好安排特色香薰、美容茶，调整灯光亮度、空调温度以及沐浴水温度。 3) 预约顾客到达前浏览顾客档案，明确当日具体服务内容，准备相应按摩精油、按摩膏、药包等护理用品。 4) 根据标准化流程为顾客提供贴心服务。
	2. 销售咨询	1) 如果现有项目耗卡未达到一半则不进行任何新项目销售。 2) 基于年度服务规划有节奏、有节制地进行项目推介，不推荐与顾客现有项目重复或冲突的项目。 3) 对于门店自有项目可独立进行销售，对于外部项目及医美项目，可进行初步铺垫和咨询引发顾客兴趣，之后由外部项目公司销售专家或副店长、店长继续跟进。

续 表

时 段	工作项目	工作重点及关注点
12:00—12:30	午餐	可与副店长、店长共进午餐,反映服务中遇到的困惑,对店务提出自己建议和意见。
12:30—18:00	1. 教育培训	1)参与企业文化教育,手法及专业知识培训及考核。 2)参与技能竞赛,提高服务能力。 3)有经验的员工带教徒弟,实现经验共享。
	2. 顾客回访及预约	1)在服务空当时间,对自己分管服务的稳定客进行电话回访和问候,跟踪家居产品使用情况。 2)与顾客预约到店服务时间。
	3. 服务工作	为顾客提供标准化服务。
18:00—18:30	晚餐	可与副店长、店长共进晚餐,分析当日业绩不佳的原因,寻找差距,寻求支持。
18:30—打烊	1. 服务工作	为顾客提供标准化服务。
	2. 当日收尾工作	1)进行店内清洁,倾倒垃圾,收纳物品。 2)顾客档案填写。 3)当日个人服务数据报表填写和汇总。
	3. 夕会	1)认真听取店长对达标及未达标的人员及项目给予的点评,找出个人差距或总结成功经验。 2)确定次日个人工作目标。

第三章
团队的组建与培养

成为一个好企业的标准就是好人、好项目、好管理。好人就是好企业家、好干部、好顾客，好项目就是技术先进、体验好、能满足顾客需求的项目，好管理就是良好的机制、制度、流程以及良好文化保障下的高效运营。好企业的根基是好企业家，生存关键是好项目，发展保障是好干部。企业家和干部的重要技能是能够开好会、会干事。开会开得好才能不被会议所烦恼，事情会干才能不为世事所缠绕。

好企业家

企业家是企业的魂,企业以企业家为核心进行运作。企业家的个人决策及精神气质决定了企业特别是私人企业的个性和发展,企业家要带领企业不断战胜困难、走向成功,要具备特别的精气神,不断进行自我改造,同时要打造能征善战的组织,方能保证企业长治久安。

一、企业家精神

"企业家"这个名词首先由法国经济学家康蒂永·R提出,然而,中国其实早就存在"企业家精神",只是中国古代的"企业"叫作"商号""买卖"而已。我们在此谈及中国企业的企业家精神,必然带着中国传统的烙印,并在当下充满了全新的时代气息。

(一)"企业家精神"文字解析

1."企"图有为

"企"字可解读为"企图",作为企业家要有企图心,在常人认为不可做、做不了的领域和事情上,要有大企图,出人意料,破常规、做大事,这就是为常人所不为,敢于创新、擅于创新。随着科学技术的发展,社会、经济等都发生了翻天覆地的变化,特别是随着计算机技术、互联网技术以及人工智能的蓬勃发展,整个人类社会呈现加速发展态势,物流、人流、资金流、信息流等交互作用与相互融合,人类社会呈现出前所未有的繁荣与复杂,对于在这滚滚洪流中的经济组织而言,其所经受的冲击与考验是持续的暴风骤雨。企业在当今社会无时不面临着危机,没有危机的企业仅仅是危机还未到来,安于现状无视危机的企业最大的危机就是无知无畏而已。如何将危机变成危险中的机会,这就需要企业家要有大企图、大战略、大决心,坚决改造、改进自身,迎接挑战。"穷则变,变则通,通则久",现代企业家应领导变、主动变、提前变,而非"穷则变",待到"穷"时已晚矣。

"企"字也可解为"人"要有所"止"。企业家要有大企图、大作为,但不是什么事都可以做。对于一个企业而言,其商业模式首先是要创造价值,就是为客户、为社会、为员工创造更新、更多、更好的价值,如果一个商业模式不能创造价值,其最终将不会成功。作为企业家,就是要勇往向前但也要适可而止,落后的商业模式没有活路,同样,过分超前的模式也会因不符合时代需求而成为先烈。

"企"字也可解为"人"去则"止"。企业是人与物的结合，没有人成不了企业，没有称职的人也成就不了成功的企业。企业家要做的就是找到人、找对人，能够凝聚人心，事业顺利时有人来帮，事业不顺利时有人坚守。企业起于人又止于人，企业家就是要带领一群人为了目标和理想而奋斗，用对人、做对事。

2."业"是创的

"业"是事业，也是创业。一个企业如果没有做一番事业的愿景和决心，仅仅为了短期的经济利益，不可能成为一个伟大的公司，或者不可能成为一个持续发展的公司。企业家要有事业心，要有远大的理想和抱负，所谓站得高、望得远，企业能走多远、能做得多高都取决于企业家自身的高度，企业家没有鸿鹄之志，则企业定为燕雀之巢。

事业是开创出来的，无论是新的技术、产品、服务还是盈利模式，都要靠企业家创造出来。在信息爆炸的时代，唯有创新才是企业存活和长青的根本，没有创新，则无法应对同行的竞争，无法应对潜在进入者的威胁，更无法承受替代颠覆者的降维打击。没有创新，则无法建立企业自身的护城河。唯有不断地创新，方能在当今世界得以生存和发展。

3."家"是经营的

企业犹如一个"家"，管理一个企业就是经营一个"家"。企业家就是这个"家"的"家长"，全面负责"家"的运营和管理。

在现代企业管理理念中,"一言堂家长"式的专制已遭抛弃,但是,企业家仍要有"家长"的责任和担当。经营层面上,可以民主方式决定运营事宜;在战略层面,则需企业家有一锤定音的魄力。作为一"家"之长,企业家要有一颗包容的心,能够容忍下属的失误和失败;企业家要有一颗关爱的心,乐于关心下属的生活;企业家要有一颗宽广的心,能够放手让下属自行开拓、不断进取;企业家要有一颗慷慨的心,要愿意与员工分享成功的果实。员工讨厌口惠而实不至的冒牌"家长",他们需要富有同理心、能与他们同甘共苦、利益共享的好首长。

"家"也是专家的意思,企业家一定要成为自己所从事行业的专家。随着中国经济体制的变革和政治环境的变化,过去仅依靠人情关系就可以拉到客户、依靠信息不对称就可实现盈利的模式已一去不复返,网络化时代已使得信息接近透明,新经济常态下老的商业模式已难以维系,人情关系让位于真正的技术创新、产品创新及商业模式创新。作为企业的领导者和掌舵人,企业家要成为行业的专家,能够洞悉行业的变革,在数字化时代要有跨界思维,做跨行业的专家,这样方能应对跨界挑战。

4."精"是锻炼出来的

"精"是精力和精神面貌。企业家要具有超凡的精力以应付繁重的工作,要有健康的体魄和心态。现代社会的高强度、高节奏,要求企业家具有应对和承受极端压力的能力,一方面是要有强健的身体,能够完成繁重的工作;另一方面,更要有良好的心理素质应对各方的压力，心理健康已成为企业家更为重要的健康指标。胜不妄喜、败不惶馁，这是每个企业家在纷繁复杂的商业环境下应具有的良好心态和心理素质。一个企业家只有拥有乐观向上、坚忍不拔的精神面貌，其领导的企业才可能朝气蓬勃、勇于创新。

5."神"是修炼出来的

"神"是思想和价值观。企业家首先要有社会责任感和奉献的价值观，企业通过为社会、为股东、为员工创造价值而存在和长青，并在为社会创造价值的同时取得企业家自身财富的增长。在信息文明时代，企业最终比拼的是价值观，具有远大价值观的企业将广纳更多优秀的人才为之奋斗，会凝聚更多、更好的资源为之所用，而且具有不可逆的加速趋势。企业家应为企业描绘愿景和确定价值观，并影响、激励他人和团队为之奋斗。企业家应通过深刻的思想获得威信，并运用其影响力促使别人心甘情愿地为企业服务。

（二）中国企业家精神的精髓

中国企业家在近几十年间，可谓在风风雨雨中一路艰辛探索和拼搏，除了应对商场上固有的经营风险之外，还面临着诸多政策及政治波动的风险。但中国企业家承受住了各方的压力，为中国经济和社会的发展作出了重要贡献，风雨过后方显英雄本色，并形成了中国企业家的精神。在新时代、新经济常态的情况下，其精神主要体现在如下方面：

1. 冒险与创新

当代中国充满了不确定性，新技术、新产品和新模式层出不穷。创新充满风险，可能成功；但不创新，必然是失败。中国企业家正以如履薄冰的心态，投身于创新的洪流之中，宁愿战死，而不愿在因循守旧之中被淘汰。

2. 聚合与责任

一个企业家不仅仅是影响其创建的企业，更是影响着一个群体，例如员工、员工的家属、供应商、客户、社会各界。中国企业家要聚集产业链的各方，合作共赢，开创信息时代的各种合作平台，形成不同行业、领域的生态圈。在聚合的同时，每个企业家都要承担自身的责任，这包括对企业、对社会的责任。企业家要为企业、客户和社会创造价值，并在这个过程中实现自己人生的价值。中国企业家承担着中国经济振兴、社会繁荣的重担，其将参与国际化的竞争，面对国外企业的严峻挑战。商场亮剑，一靠剑术，二靠精神。企业家要以其独特的精神在这个伟大的变革时代勇于亮剑，在全球化的商战中拼出一个新天地！

二、思维转变

商海变幻，企业家们振奋精神在急流险滩中乘风破浪，向着自己心目中的彼岸奋勇拼搏。企业家不仅要有不同寻常的企业家精神，还要有先进的思维模式才能在日新月异的社会环境中实现企业的长久发展。许多企业家必须面对众多新挑战，也必须转变许多固有思维模式：

（一）价值评价体系角度

目前企业对员工贡献、价值创造的评价缺乏科学的评价体系，在实践中多数以老板个人好恶、主观印象来作评价，薪资任意定、奖金随便发，导致相同岗位、相同职等的人待遇差异很大。会干的不如会说的，多干的不如少干的，实干的不如假干的，最终导致劣币驱逐良币，好人、能人留不住。为了改变这种状况，就要建立客观评价体系。有的老板困惑于没有专业的人员和机构帮助搭建体系，感觉无所适从。实际上大道至简，只要老板能够真心放下自己随心所欲做决定的欲望，让下面员工自己去讨论一套评价体系出来，虽然可能没有精确的公式和严密的体系，但相信评价结果并不会出现大的偏差。连锁机构的管理层次复杂，可以委托外部机构提供参考方案，但最终实施得好不好完全取决于老板是否能够遵守规章、是否有决心一以贯之。

（二）对规则敬畏角度

企业老板是企业规则的制定者，但又是首要的规则破坏者，因此，重塑规则的权威性是企业良性运作的一大课题。对规则漠视的反面就是对个人的仰视，在没有规则的企业里面，员工就只对老板个人心存敬畏，破坏规则但只要老板高兴就不会受到惩罚，于是本来应依规则办事变成看老板脸色办事。遵守规则的老实人吃亏，巧言令色的钻营者得利，最终会使企业受损。企业家就是要让规则立威，让员工能够有可遵循的规则并由此而获得确定性，而不是要个人立威，让员工在每天琢磨老板喜怒哀乐中苦苦钻营。立了规矩而不遵守，实质是言而无信，对于这样的企业家又有多少能人愿意与之共同奋斗呢？企业家要以身作则，从心底敬畏规则，这样才能为企业划定航道，确保整个舰队都能向同一个方向前行。

（三）责任体系角度

大企业例如连锁经营机构的老板无法直接管理那么多人和事，就要建立各层级的机构，但是建立机构并不意味着建立组织体系。例如，有的企业各级员工不是对所在组织负责，而是对老板个人负责，老板可以直管一线员工而不与上级部门领导打招呼，一线员工可以不知会上级领导就去干老板直接交代的事情，结果员工上层领导甚至因为找不到下属导致部署的日常工作被打乱却没有替代方案。员工认为自己仅需对老板个人负责即可，无需理会上层领导，公司中间领导层没有任何权威性，人人都对老板负责，结果是人人都不负责，什么不良后果都推到老板那里，也就不了了之。老板要想让下属承担责任，就要舍得放权，要让员工对企业、对组织负责，在组织架构内按流程、层级做事，而不是一味地对老板个人负责，否则就是无责可追、无人担责。

（四）产权角度

老板要把企业从"我的"变成"我们的"。企业要持久生存和发展，需要员工与老板一起奋斗，这就要大家形成利益共同体，所谓"财散人聚"，就是要建立利益分享机制。实践中有的美容连锁机构建立了不同层级的利益分享机制,针对一线美容师建立了全员分红模式,即将所在门店收入的一定比例分配给一线美容师,他们被定位为劳动者,这些一线劳动者变成了利益共同体成员;对于副店长和店长,她们可以分得所在门店一定比例的利润,对于经理和总监,则可以分得所管辖门店一定比例的利润,他们被定位为奋斗者,成为事业共同体成员;对于副总经理及管理总部高管人员,则给予总部期权或股权,他们被定位为创业者,成为命运共同体成员。通过梯度产权安排,充分调动各层级员工的积极性,也把企业从老板个人的变成大家的,并形成人人为我、我为人人的产权架构,完成企业治理模式的一次完美升华。

三、组织建设

"高树靡阴,独木不林",企业的成功不可能靠老板一个人单打独斗,企业家在完成思维转变后就需建设一个能战斗的组织,并靠强有力的组织实现发展、壮大。好的组织建设需主要考虑如下维度:

(一)有活力

"五流模型"已说明流动的重要性,其中"人流"就是讲企业不能板结、僵化,要人员流动起来才能活力四射。同时,企业要有机制鼓励创新、奖励进取,对于不思进取、循旧塞责的人要惩戒,这样才能让大家有危机意识和创新动力,组织才能充满活力，不断创造价值。

（二）有效率

在当今快节奏时代，没有效率就等于慢性自杀。任何一个企业都面临激烈竞争，要坚决杜绝官僚主义和形式主义，决策一定要高效，执行一定要有效，下大力气整合好供应链，将外部资源为我所用，畅通业务各板块的环节，让企业各部门都成为高效运转机器的一部分，部门有分工但不分家，组织整体利益高于局部利益，坚决反对没有全局效益提升的局部优化。

（三）有协同

企业内部的部门多就会产生本位主义，只考虑自己部门利益而不管他人死活。老板要破除部门墙，减少内耗，要选拔有合作精神的干部做部门负责人、协调人，让各部门自觉协调，将是否能够妥善完成部门间协调作为部门负责人的业绩考核内容之一。企业部门之间互为客户，上一道工序人员要服务好下一道工序人员，要从机制、企业文化上为员工树立协同理念，让每个人铭记唯有协同才能创造更大价值，组织的整体能力和价值一定要大于简单的个体能力和价值之和。

（四）有共享

共享不仅是利益的共享，还是信息、知识和资源的共享。要把个人的经验企业化，通过经验传承、师徒带教等机制把个人的经验转化为知识和人才的积累，从而将每个人的知识、经验转化为企业所有人共享的财富，避免由于个别人的离开而导致经验断层、工作停滞。信息的共享可通过各种会议宣导实现，也可借助各种办公软件实现信息的快速传递和传播。老板要关注哪些信息可以共享，哪些信息不宜共享，以及共享的人员范围，并加强信息的保密工作。

(五) 有学习

企业不仅要低头苦干，还要抬头看路。抬头看路就是要看路人在干什么，要取他人之长补己之短。一个组织具有危机意识才能主动变革，一个愿意学习的组织才能战胜危机、不断成长。老板要为员工提供学习的机会、资源和资金，不断鼓励、支持员工在企业内部向他人学习，到企业外部向社会、向同行、向外行学习。有学习意愿和能力的组织必然是向上的组织，也必是不断取得胜利的组织。

企业家建设能战、善战的组织，其就可指挥集体进行作战。企业家此时的主要工作是"选好路、用好人、分好钱"，也就是定好战略，指明企业发展方向和路径；任用好的干部组建能够战斗的组织，让人才各得其所、各尽所能；最后，就是要作好价值评价和价值分配体系，让真正创造价值的人得到应有的价值分配，通过正向激励和反向淘汰机制持续激发组织活力。

好干部

美容企业的干部主要是店长、副店长、经理、总监、总经理等各层级运营管理人员,他们是企业的中坚力量,企业要想成功实现"五化建设",必须选好干部、用好干部,干部也要发挥自身能力和主观能动性,为企业发展添砖加瓦。

一、干部担当

干部是"干"字当头,其要敢干、愿干,要勇于担当。

(一)想干事

想干事就是有主观能动性,要有担当。企业在迅速发展过程中,每个人都要有所担当,不能混日子,看见重活累活躲着走,事不关己,高高挂起。一个人的付出别人是看在眼睛里的,想干事的人才能在未来企业里有大发展。干部自己要想干事，同时，也要鼓励、引导下属想干事。下属想干事、愿意干事主要取决于两大因素：一个是付出是否有经济回报，是否有公平的回报，这是企业绩效评估及薪资体系决定的，企业要建立公平的价值分配体系；另一方面，非常重要的是下属能感受到自己的付出可以得到上级的肯定，有上升通道。这就需要干部给予下属成长通道，为下属制订良好的职业规划，配合企业的员工成长系统谋划好下属的未来，让员工有希望、有愿景，跟随企业的发展壮大而获得个人的成长。下属想不想干，很大一部分因素取决于干部。因此，好干部不仅要自己有担当、想干事，还要发动、调动下属一起来干事，众人拾柴方能火焰高。

（二）能干事

干部主观上想干事，还要有能干事的本领。要成为企业的好干部，结合"五化"建设，需要具有如下能力：

内部服务能力："五化"建设一方面强调对顾客的服务要做到精细化，做到极致，另一方面，还强调内部服务也要精细化。企业的许多部门不直接面对顾客，这些部门的顾客就是企业其他部门的同事，它们要像一线员工服务外部顾客一样服务内部顾客，内部服务要精细化，干部要提高内部服务的能力。只有企业内部各个部门之间的协作做到无缝连接、无可挑剔了，企业才能形成合力，才能真正对外提供精细化的服务。

数据运营能力：干部要在工作中去寻找数据，去发现数据，去与财务部、信息系统部等部门探讨数据反映的问题,要挖掘数据宝矿,磨砺数据化运营之剑。好干部设定年度、月度目标时要基于数据的分析,而不是凭感觉盲目估计。

共情能力:要做好干部,就要多与下属沟通,并多站在对方角度来理解对方的难处和关注点,这样才能容易取得认同和共识。有一句话"善良是善良者的墓志铭",很多时候干部的善良、善意下属不理解。好干部要告诉下属,对他的严格要求,不是针对他、给他穿小鞋,而是要培养他成长,要让员工理解你的初心和善意。

(三)干成事

干成事,要天时、地利、人和。其中,干事的方法很重要。首先,任何事都要先订立目标,要注重订立目标的过程意义。订立目标的过程就是梳理资源、清晰工作内容的过程。目标不是随口说的,是基于历史数据、当下可以调动的资源以及未来能够调动的资源,如果资源不够,就要寻求各方面资源支持。并且,在此过程中也是清晰到底要完成哪些工作,以及进行工作分解和分工的过程。作决策不能做"四拍"干部(拍脑袋、拍胸脯、拍大腿、拍屁股)。确定目标后,为了实现目标,"干部"的"部"字就非常重要,"部"就是"部署",也就是部署工作。好干部部署工作要做到如下事项:

要乐于分权、敢于分权。有些干部,总是担心下属干不了、干不快、干不好。什么事情都是自己干,或者死盯着下属,生怕出现一点差错。这样做的结果是，员工不能独立自主做事，都等上级决策，等上级动手，舞台由领导一个人跳舞，员工成了观众。干部要培养下属成长，并乐于放权、敢于放权，这样下属才能长大、独当一面。当然，放权不等于弃权。放权的同时，要做好跟踪、指导和监督，确保一切按规则运转。

要善于指导、精于指挥。2017年笔者去美国西点军校游学，当时一位曾参加沙漠风暴行动的退休上校讲了西点军校的领导力课程。他说，美军在下达任务时，不仅告诉下属"我要什么"，还告知"为什么"。他举了一个例子，"攻击并占领582号高地"，为什么？要掌控敌军沿101号公路推进。为什么？阻止敌人在下午两点前通过1号关卡。为什么？为在620号高地争取时间以便修筑工事。实际上，攻击并占领582号高地命令的最终目的是争取时间修筑620号高地的工事。当部队到达582号高地时，发现已被敌人占领，则他们可以选择另一处高地据守，只要达到争取时间的目的即可，而非一定要攻占620号高地。这个例子告诉我们，下属干不好，很大一部分原因是干部没有指导好，没有说清楚自己到底要什么，没有发挥下属的能动性。例如，我们要一个客户的数据，就告诉下属把王姐的数据给我们看看。这句话很不清晰：要王姐的什么数据？是消费金额数据还是消费项目数据？是其个人身体状况的数据还是家庭、社会关系的数据？是其成为门店顾客以来的全部数据还是近几个月的数据？工作指示的清晰性可以极大地节约工作成本和减少沟通误解，告知下属工作指示的原因、目的，将收到事半功倍的效果，因为下属可能早就有了达成最终工作目标的应对方案。

（四）不出事

企业一定要有所为、有所不为，干部要以身作则。对外而言，损害顾客利益的事情企业绝不能做，以降低企业的经营风险；对内而言，要坚决杜绝损公肥私、损害企业利益的行为。

侵占企业资产行为：例如收了顾客钱私吞、将企业的赠品私吞，以及其他一些占企业便宜的行为，这些都是企业经营的红线，干部要以身作则不触碰红线，同时，发现该等行为应严肃处理、绝不姑息。

损害直营连锁体系的行为：例如使用企业统一指定产品之外的物品、不遵守企业统一管理规定的行为，可能员工主观上是想给门店省点小钱，但该等行为一方面对顾客不负责，另一方面破坏了企业的统一管理，会严重影响直营体系的声誉。干部要坚决杜绝此类现象的发生，不做掩耳盗铃的事，一旦发现有人做违规甚至违法之事，干部要带头制止并予以坚决斗争。

二、干部基本功

干部要有干事的决心和意愿，要有担当，同时也要有好的方法正确地做事，干部作为企业管理者要具备如下管理基本功：

（一）设定愿景目标，制订实施计划

管理者要把企业愿景和文化融入员工的信念之中，使文化成

为员工的自觉,并在共同价值观指引下基于企业经营战略和商业模式设定部门的目标,并与部门成员一起研讨和制订具体实施计划,要做到责任到人、节点到日。

(二)关注过程,落地执行

有了计划之后就重在执行,管理者应进行全过程管理,根据标准化流程对各个管控点进行检查,并根据任务特点提出验收标准,并且,要打造适宜工作的办公环境,按5S现场管理法来管理服务场所,让顾客在惬意的环境中得到完美项目体验。在监督执行过程中,要对参与者进行培训,教会员工如何做事,不断提高员工独立解决问题的能力,在日常工作中培养人、磨练人。

(三)反思改进,经验共享

在执行过程中要注重过程数据的积累,管理者应以数据化思维对待工作的软成果,并通过检查进度记录与计划偏差来随时进行反思,指导员工落实改进措施。在成果验收时要进行绩效评估,总结经验、教训,形成可指导未来工作的案例和数据,并与其他部门共享经验与知识,从而实现企业公共知识资源的不断积累和升华。

三、会干事

企业的愿景和目标为每个部门和员工指引了方向,每个部门及每个人需在保证大方向不偏差的情况下为实现具体目标而确定工作方式、方法和途径，即在保证做正确事的前提下还要保证正确地做事，会干事就会事半功倍，就会把工作安排得井井有条、管理得头头是道。会干事是干成事的前提，管理者尤其是好干部要会干事，在干事时要关注如下方面：

（一）明确所做之事的目的（为什么）

告诉下属或他人为什么做一件事，此事的目的和意义是什么，这对于发挥下属及他人的主观能动性至关重要。例如，美容门店要引进一个光电项目，这个项目的核心目的是为了做客户粘性还是为了更多收现，是引流项目还是利润项目？讲清了目的，还要分析与门店经营规划及个人收入之间的关系。让员工明白为什么干，他们在实际操作中就会灵活应对，而不至于实际操作与项目的初衷相悖。

（二）清晰界定工作内容（是什么）

清晰、准确并全面地讲明工作内容是任务布置者的责任，但任务布置者却往往没有完成自己的责任反而责怪他人理解力差、粗心，怪罪他人所做之事并非自己想要的结果。这通常存在认知偏差，即任务布置者拥有他人所没有的知识、信息和经验，在心理上认为此项任务是非常简单的，错误地相信他人能理解其给出的模糊信息。但事实上，由于信息的不对称，对方实际上并不能从模糊信息中得到确切的指示或明晰的工作内容，自然也就难以按时、保质地完成任务。一个管理者在下达任务后，最好让对方复述一下他所理解的工作内容，一方面可以检验管理者自己对任务描述的清晰度，另一方面可以确认对方是否真正理解了任务内容，这是避免沟通误会的可行途径之一。当然，许多管理者在布置任务时对自身需求、工作目标不确定或只有一个模糊的认知，就希望别人先根据他们自己的理解做了再看，做好了是自己领导有方，做坏了是他人无能，这就为维护自身权威或利益留下了余地，这已近乎权谋而非会干事之正解。

（三）划清工作分工（谁来做）

在一个组织中的许多分歧和抱怨都是因为分工不清、职责不明导致的，而这主要是管理者的失职造成的。管理者要明确一项工作的主责人、协同人、上级汇报人、下级配合人，即要告知工作主责人左右横向的协作关系，上下纵向的汇报、从属关系，要让主责人知道自己所能调动、求助的关系网和各项资源，这样协同才能有效、高效。

（四）明确时间节点（何时做）

管理者要对时间具有敏感性，在下达任务时应避免"马上""尽快"等模糊性语言，时间节点包括工作启动时间、过程中关键控制点的时点、完成时间、汇报时点、后期跟进时间等。例如，针对一个项目的启动营销，店长向副店长布置任务时要告知其外部项目老师的到店时间，全体美容师开始全员培训的时间，全员培训应在何时结束，何时完成话术及销售流程培训效果验收，何时开始邀约顾客，顾客到店时间，营销活动物资采购及到货时间，顾客接待时长，售后回访时间节点。通过对时间轴的梳理也可将任务进行分解，有助于工作更加条理化，也更有利于项目实施及目标达成。

（五）确定工作着手点（何处入手）

有经验的管理者会指导任务主责人从何处入手开始工作，工作的重点、难点、关键点在哪里。店长告诉美容师一个顾客满意度的关键点是什么，就会让美容师的服务更加有的放矢。根据实践经验，80%以上顾客的满意度来源于服务态度好，其次是效果好、环境整洁。因此，好美容师最重要的工作是心怀喜悦，热情、细致、真挚地服务好顾客，只要服务态度好就成功了一大半。美容师还要练好手法，让顾客看到项目效果，如此可以让大多数顾客满意。此外，店内环境整洁、温馨也能锦上添花。从反面讲，如果顾客有了投诉，美容师首要着手点应是态度诚恳地虚心听取顾客的意见和想法，有则改之无则加勉，这样就能平息大部分顾客的抱怨。

（六）告知工作方法和工具（怎么做）

对于布置新的任务，管理者应充分考虑新任务对主责人的挑战和压力。管理者应把工作方法和工具告知对方，并在必要时对其进行培训。店长让美容师参与一个新项目时，可以将过程控制文件制成流程图和表格，将这些管理文件发给美容师逐项对照执行。在管理数据化过程中，可以告知相关参与人使用一些 SaaS 软件、统计分析软件，这样效率可以倍增，也便于管理者进行监督、跟踪以及对最终数据进行分析。

（七）配备工作资源（有什么）

管理者通常是资源占有者和调度者，特别是连锁机构的管理总部干部，其熟悉内部和外部资源，也最容易整合资源完成工作目标。管理者应主动考虑为任务主责人配备工作资源，而不是在其四处碰壁、走投无路之时才给予资源支持，这不仅浪费了宝贵的时间和不必要的成本，也可能导致任务最终失败。

（八）反思工作成果（为何成败）

管理的成功除了依赖在具体工作之中的努力，还需工作完成之后的总结和反思。工作有成功必然有失败，管理者要在工作完成之后与参与人回顾、反思经验和教训，使具体工作中的个性化操作上升到理论总结的高度，成为指导未来工作的圭臬。反思不应成为批判的前奏，而应成为凝聚共识的途径和竿头直上的基石。

四、会开会

企业日常管理活动的一个重要内容是召开各种会议，这是管理人员进行运营管理的重要抓手。开好会议是干部的重要技能，每个会议都要精心筹划、严密组织、细致实施。所谓"会议"，就是必要的人在一起会面，有人提议、参会人商议，最终作出决议予以落实的决策过程。但实践中经常出现"会而不议，议而不决，决而不行，行而无果"的低效、无效会议，许多管理层忙于开各种会议，但却不能创造价值。要扭转上述局面就要会开会，

需要管理者践行如下开好会的步骤及基本原则:

(一) 会前准备

会议的成功在于会议之外。首先,会前一定要明确会议的性质和目标。会议通常分为研讨性质和决策性质,研讨会议重在与会人员的沟通和信息互换,是否能产生确定性的成果不是会议本身的目的,而决策会议重在决议,一定要有确定性成果。会议的目标就是要达成的具体目的、要取得的确定性成果。无明晰的目标不开会,即使开也是浪费时间的消磨会。会议发起人要反复斟酌为什么开会,有无必要开此会,是否可以将几次会议合并成一次会议以节约资源,并且,会议通知要详细写明会议目的,同时要围绕会议目的确定参会人员范围,无关人员应避免捧场性参会。

其次,会议通知要写明会议议程,围绕会议目标简明扼要地按重要性排列议题,必要时应同时发送有关议案给参会人员以便大家事先熟悉和准备各自资料和建议、意见。

最后,会前要收集好发言人的发言稿、PPT等文件资料。会议组织者要初步检查参会人员的相关文件内容是否与本次会议主题相关,会议主持人要了解发言人的发言主要内容和观点以便在会议上进行有针对性的点评,会议组织者可事先准备相关资料以便会上对有关发言予以支持或反驳。会议组织者要根据参会人员拟发言的内容与会议议题的关联性,安排发言顺序和发言时间。此外,会议组织者应检查会议设备的完好性、完备性,确保录音、录像、视频、音频、话筒、纸笔等用品和设施、设备随时可用，并制订特殊情况下的应急方案。

（二）会中决议

导致会议出现议而不决的因素可能在不同企业、不同场合各有不同，但主要原因大同小异。首先，参会人员不是在商议会议议题如何解决，而是在讨论谁要负责该等议题所涉的事务。于是表面上是在争论谁来负责此事，实质上是岗位职责不清，无人对讨论的事情负责任，出现此类问题首先要破除企业组织架构及岗位职责不清的障碍，而不能陷于会议议题本身之中争论不休。

其次，议而不决的另一个原因是有权决策的人未出席会议，参会人员只能各抒己见但无人决策拍板，可能还要再开会让有权决策人参与才能最终作出决议，如此就是重复工作，浪费所有人时间。因此，如果有权决策的人不能参会，则此次会议应予以取消。

会议能够最终作出决议要遵循一定的决策模型，使参会者都能进入角色，发挥各自作用：

首先，要针对议题进行讨论并提出建议，积极表达自己的见解，成为"建议者"。

其次，仔细倾听他人发言和建议，提出自己的支持或反对的理由以及依据，成为"异议者"或"同意者"。

再次，会议主持人要归纳、总结大家的意见和分歧，形成决议草案，成为"归纳者"。

之后，有权决策人要对草案作出决定，扮演"决策者"。

最后，会议决议要明确实施的步骤、时间节点和责任人，有人要成为"执行者"。

会议要严格控制参会人数，无关人员一律不参会，一方面节省大家时间，无关人员不会为此而浪费时间影响正常工作，造成人力资源的浪费，另一方面是节约会议成本，尤其是在企业外部或外地召开会议，会因为人员的增加而导致成本直线上升。会议组织者应问"哪些人可以不来"，而不是问"哪些人也可以来"。

要严格控制会议时间，会议要准时召开，每个人发言要紧扣主题，主持人发现跑题时应及时提醒，必要时主持人要告知发言人的发言时长，以便会议在预定时长内结束。最后，会议要有记录或纪要，并发给与会人员，其中要包括会议的具体决议内容以便能够跟踪、执行。

（三）会后执行

会中决议必须有清晰的工作内容、责任人、时间节点、汇报对象。责任人在会后应在规定时间节点向汇报对象报告执行情况。汇报对象在审查执行情况后要根据内部管理流程知会相关部门，并向会议参与者反馈会后执行情况。如果未能按决议执行，则应查明原因、提出改进措施和确定新的完成时间，并知会相关人员。在下一次相关会议上应回顾上次会议的决议，并由责任人对执行情况进行说明，已按计划完成的需简介成果，未按计划完成的应反思原因和提出改善措施，与会人员可根据新情况进行讨论并作出新决议，直至原有决议事项最终完成才能结案。

五、美容业六类会议

美容企业极端重视会议，会务贯穿美容企业日常运营的全过程。基于开好会的基本原则和方法，美容企业要开好六类会议：

（一）早上管理层碰头会——目标会

每天早上管理层应花十至十五分钟时间基于昨天晚上的夕会总结确定今日目标，并再次明确每个管理人员带领员工要完成的耗卡额、新卡量、服务人次，确定每个人要带领哪些美容师分析当日预约客户中的重点、难点顾客及应对方案。明确当日外部项目公司的工作内容和对接人，对新的启动营销做出人员及物资安排。管理层有目标，员工才有方向，一天才有收获。

（二）员工晨会——分享会

一日之计在于晨。美容院员工要从早上进入门店就激情四射、精神饱满地迎接每位顾客，要让顾客感受到每位员工发自内心的喜悦。所有员工都要参加晨会，要从中选择员工上台分享成功心得，特别是昨天取得较大成绩的员工可以将经验和诀窍告知大家，与大家分享成功的喜悦和成长的历程。这样的分享会，一方面可以锻炼员工的演讲能力和表达能力，有利于改善员工与顾客沟通的效果，另一方面，成功方法和经验可以得到复制。在此过程中，上台分享的员工获得大家的赞赏，这也是激励员工不断上进的荣誉。榜样的力量是无穷的，而身边人的激励作用更大，晨会通过分享成功而使大家相互激励、共同成长,并且,晨会也促使大家迅速进入良好的工作状态。

晨会要有仪式感,领导要夸奖优秀者,全体人员应通过掌声、拥抱给予肯定和赞美。晨会上可以通过唱歌、喊口号等方式调动气氛,其核心目的是唤醒大家的斗志。

(三)夕会——总结会

在忙碌了一天后,全体人员所开的夕会是对全天工作的总结。首先要回顾当日目标达成情况,从门店整体达标情况到每个人达标情况逐一评析,总结达成目标的经验与未达成目标的原因,找差距想方法,对于表现优秀的员工给予表扬,并让其准备在次日晨会进行成功经验分享。根据当日目标完成情况,比照周目标检查完成的进度,并进而确定次日四大目标:到客人次、服务项目数、收现业绩、耗卡业绩。

店长在门店夕会上一定要作点评,总结经验教训并解决重点、难点问题,同时要给员工进行心理疏导,鼓励大家胜不骄、败不馁,相互支持完成次日目标。

(四)周会、月会——**数据会**

美容业的周会和月会是经营数据分析会,应从顾客、项目、人员等多维度统计数据并逐项进行深入分析,查缺补漏,对未达标项目做全方位解析,要求责任人解释原因、提出解决方案。对于未达成月度重要指标的门店,老板及管理层应下店实地调研,找到问题根源。如果是人的能力不够,则加强培训和指导;如果是员工主观意愿问题，则要进行心态辅导尽快端正态度；如果是各方支持不到位，则应调配资源予以协助。数据可以反映出运营异常，企业要以运营数据化作为突破经营瓶颈的利器，而管理总部手握全面、准确、无遗漏的数据，就可运筹帷幄之中决胜千里之外。

（五）年度文化节大会——顾客答谢会

美容企业每年都会举行文化节或乐购节，这是美容企业集中与顾客大规模当面接触、互动的盛会，许多美容企业将其办成了优惠促销会。由于顾客平日已被多番推销所困扰，导致在文化节或乐购节上消费越来越谨慎，没有绝对的优惠就不动心。实际上，美容企业可把年度文化节大会的目的从销售转变为宣传企业文化、树立企业良好社会形象，将推销变为答谢，将打扰变为感动，这将使顾客与企业有更强的粘性，企业从推销产品和项目转变为营销品牌和体验，从而实现更高层次的自我推销和更持久的业务增长。

（六）员工年会——动员会

员工年会绝不是简单的联欢会，它是对过往的盘点，更是对未来的动员。员工年会是老板的述职会，是老板对过去一年企业运营、管理状况的总结，是对战略实施过程的一个复盘。企业经营不好，根本问题就出在企业家以及干部身上，因此，在员工年会上企业老板要对过去一年的成功与失败进行定性和定量分析，以凝聚全体员工的共识，达到惩前毖后的目的。

老板要在年会上找出过去一年运营结果与初期所设目标的差距,不但找负差距,还要找正差距。负差距是指未达到目标,正差距是指超出目标,通常而言正负差在5%以内是正常可接受范围,超过此范围就需认真分析。负差距过大就要找到未能达标的原因,是人的问题还是物的问题,是软件问题还是硬件问题,是内部原因还是外部原因。正差距过大就要找到大幅超标的根源,是目标本身设定不科学而过低,还是有突发因素导致成果超预期,是团队能力强还是竞争对手失误。企业运营需要有掌控的发展,既不需要惊吓也不需要惊喜,因为二者都是意料之外,都带有偶然性和不确定性。老板和管理层往往陶醉于超额完成目标的兴奋之中,而不知惊喜的表象下已埋下惊吓的种子。老板要时刻保持清醒头脑,也要让员工认清企业现状和外部现实,这样才能可持续发展。

老板要在年会上找出各部门工作思路与企业总体战略之间的差距,并清晰地指出工作思路出了什么问题、将导致什么后果。找出差距就是凝聚共识,让所有人的思想和行动都统一到公司战略上来,消除杂音,减少内耗。

老板还要在年会上找出员工理念与企业文化之间的差距,并通过奖励企业文化践行者等方式宣扬企业文化,让企业文化在每位员工心中形成一杆秤,不是用来权衡利弊而是用于辨别善恶,成为员工向上、向善的指引。

找差距、找原因、找弥补方法,是年会回头看的重要内容,更重要的是向前看。年会是站在过去成果基础上吹响的前进号角,是凝聚全体员工一起向新一年目标发起进攻的集结令。企业要在年会上确定新一年的目标、规划,老板要描绘愿景,重申发展战略,要激发全体人员斗志。同时,年会上可以重磅推出新一年的重要薪资福利政策及重大奖励政策,让员工知晓创造了价值就一定有好的价值分配。正如曹操所说,"军无财,士不来;军无赏,士不往",老板就是要用好的薪资和奖励政策吸引人才、激励人才,鼓舞员工为了企业的发展而奋勇向前。

领导艺术

领导是设定愿景、目标并带领、指导他人或团队去实现愿景及目标的人。领导艺术是激励他人心甘情愿去完成你想完成的事情的能力。管理是细化目标、规范大家行为以完成目标。管理追求稳定与秩序，而领导更愿意拥抱变革。组织的一切活动都根源于个体以及由其组成的不同群体，个体在群体中获得社会认同，而群体对于组织决策产生重大影响。企业的领导人及各级干部要提高领导能力，培养领导艺术，打造和谐、奋进的团队，方能实现企业的长治久安。

每个领导者的领导方式、方法、风格都不尽相同，大致可分为几个境界：第一层也是最低层境界是领导不知为何做、做什么及怎么做；第二层境界是自己做而下属无事做；第三层境界是自己不做监督下属做；第四层境界是自己与下属一样做；第五层境界是自己不做而下属努力做；第六层也是最高境界，是自己不在但别人仍然能做好。境界取决于认知和修为，领导境界要达到艺术之高度，领导者不仅要有清醒的认知还要不断精进自己的德行。

一、领导与管理之异同

实践中人们常把领导和管理等同，实则两者有联系但更有区别。两者都是上下级之间互动关系的体现，但两者的关注点、工作方式、途径和效果却大相径庭，其差异主要体现在：

领导主要是确定愿景，而管理是在制订计划。愿景重在战略和规划，其是整体性、系统性、前瞻性地描绘未来。计划重在完成当前的具体事务，是如何完成目标的细节措施。前者着眼未来，后者看重当下。

领导关注优化组织，通过教育、培训和淘汰机制提高人员素质，以便建设强有力的团队。管理注重各项成本，其中包括人力成本，更关注在现有人力情况下解决当前问题，完成短期目标，通常漠视为未来成长而进行的长期战略性投入。

领导善于激励团队，使成员自发奋进，而管理常常束缚人员的手脚，更加强调人员分工、各司其职、服从指令与调度，要求员工做好管理机器的螺丝钉。

领导拥抱变革，希望创新引领未来，而管理更偏向平稳，按原有方法完成目标就是最优方案。管理追求秩序，容易走向墨守成规，而领导更注重管理变革，在变动中求得生存和发展。

领导乐于授权，发挥下属的主观能动性，并愿意承担下属失败的风险和责任。管理喜欢控制、监督下属的工作细节，并在下属失误时给予处罚。

领导乐于培养他人，培训和发展下属的潜能、知识、技能和人品，为下属规划清晰的职业生涯发展路径，并适时培养接班人而不担心下属成为自己的竞争者。管理倾向驾驭下属，下属是实现绩效的工具而不是事业伙伴，管理者更希望下属自我成长和发展而无需领导者花费心力去培养。

二、权威与威信之别

一个人由于在某个职位上而具有了某种职权，在此职位上的领导者拥有在必要的情况下实施奖惩的职权，其就可影响被领导者的行为。职权来源于职位，是依附于职位而存在的交换价值，即通过奖赏来换取被领导者的服从。一个人因职位而获得的职权会因失去职位而自然失去，所谓人走茶凉就是最佳的注解。除了职权之外，一个人还可以具有非权力影响，这是指领导者能够获得他人尊重和信任的能力，它不是靠资源交换和威慑压迫让他人服从，而是能够产生凝聚力并让他人信服、认同，这本质上是一种人格魅力，是威信。威信是一种能力，是运用非权力影响力使他人心甘情愿地按自己想法去做的能力。威信不是权威，权威给人以压迫，是让别人害怕而服从，但随着员工独立意识的高涨和经济压力的下降，权威不再是驱使人们低头服从的皮鞭，而成了加速送离员工的船票。

服务型企业领导层要树立威信，要营造和谐、温馨的氛围，这不仅是为了企业内部人员的身心愉悦，更是为了给予顾客心灵的感染，给予顾客更高层次的体验。

领导艺术是人格魅力，是威信的集中体现，是展现给他人的一种综合的文化素质，其主要涵盖如下方面：

(一) 善于发现美

生活中的美无处不在，生活不缺乏美而是缺乏发现美的眼睛，作为领导者更要有发现美的慧眼和好奇心。即便最苦难的生活也有美的存在，美是外表更是内涵，美是繁华也是平淡。领导者要永葆一颗热爱生活的好奇心，在日常生活中发现美的心灵、美的行为，为团队描绘美的未来，也为顾客创造美的环境。

(二) 具有远见与智慧

领导者要有远见卓识，能够确定企业的愿景和战略，并带领企业一步步按规划走向成功。领导者要具有敏锐的感知力、丰富的想象力，能够应对复杂多变的环境，有智慧解决发展中出现的各种障碍。更进一步，领导者应是组织的智慧整合者，应善于听取他人意见和建议，把所有人的智慧集中、提炼并凝聚成企业的集体智慧。企业领导者基于过去成功的经历，常常认为自己永远正确，总能技高一筹，最终将走向刚愎自用。真正有智慧的人是最大化使用他人智慧的人，是虚怀若谷、纳谏如流的谦谦君子。

（三）富有同理心

换位思考让人们更能产生共鸣、达成共识。领导者富有同理心，就能在做决策时想到他人的感受和反应，愿意倾听他人特别是下属的心声，使决策在尽可能情况下减少副作用。善解人意并不是追随人意，在大原则不变的情况下于细节上考虑他人的想法和情感就能减少工作推进过程中他人的懈怠和抵触。不能满足他人的需求，但解释不能满足的理由也比毫不解释地强势推行的效果好。下属仅因为权威而服从，就不会有能动性将工作做得更出色。让下属在决策和执行过程中投入心智和情感，他们将充满激情和动力。

（四）坚持诚信与大度

《论语》上讲"人而无信，不知其可也"，又讲"言忠信，行笃敬，虽蛮貊之邦，行矣"。诚信是中华儒家文化的核心之一，更是企业长久发展之根基。企业的领导者在制定企业战略时需以诚信为基石，经营靠诚信而不是投机取巧、坑蒙拐骗，靠蒙骗可赚一时之财，但绝不能持久。对外要讲诚信，对内部团队也要讲诚信。领导对内讲诚信主要体现在言必行、行必果，不能朝令夕改让人无所适从。领导说了目标就要努力做到，不能信口开河、说了不做，这会使团队离心离德。

领导者要大度，不仅是要有容人之量，听得进逆耳之言，还要在分配利益时要大度。基层领导者与下属忌在争权，中层领导者与下属忌在争名,高层领导者与下属忌在争利。各层领导都需与下属分享名利,激励团队创造更大价值,实现价值共创、共享。有的领导习惯开口头支票,信口许诺、转身即忘,但说者无意听者有心,下属有所期待但即刻失望,又何谈下属与领导同甘共苦?在利益分配方面要舍得,更要诚信,"口惠而实不至,怨灾及其身"。

成功的领导者不仅是受下属爱戴、真心追随的人,更是能够指导下属正确做事的人。他的领导力不靠职位赋权,而是个人的品格、修养和胸怀形成的吸引力,他的地位并不意味着特权、金钱和荣誉,而是责任、担当和付出。有智慧的领导者在领导他人的同时也让自己被他人领导,作为智慧整合者的领导者能够说服、引领他人按自己的想法做事,并让他人感觉这是他们的主意。有远见的领导者是在规划航线而不是在开挖航道,他是设计师而不是操作工,他将领导工作上升为艺术,并在与被领导者之间的互动中实现艺术的升华。

老板与其说是与外界竞争,不如是说与自身竞争。小老板竞争聪明,中老板竞争远见,大老板竞争人格魅力,也就是领导艺术。领导艺术能够悦近来远,可以汇聚天下英才,开放包容、创新进取,富有领导艺术的老板也一定能在带领集体进行奋斗的过程中确保各方利益的共同增长。

团队打造

企业是一个大组织，内部的各部门又可分为各层级的小组织，这些以工作为纽带的各层级组织可称为"工作群体"。绝大多数领导者把自己带领的一群下属称为"团队"，但这样的群体很少是真正意义上的团队。团队是拥有互补能力，为共同愿景和业绩目标而奋斗、遵循相同工作原则和承担共同责任的一部分人的集合体，其突出特点是互补协力、同舟共济、同甘共苦。华为倡导"胜则举杯相庆，败则拼死相救"的企业文化，并以此精神打造具有高昂斗志和团结协作精神的过硬队伍。阿里以"一面旗、一块铁、一个家"的口号打造团队，一面旗就是共同的方向和目标，一块铁就是铁的纪律和执行力，一个家就是家一样的情谊。

一、群体分类及社会认同感

群体是为了达到特定目标而聚到一起的个体集合。就工作群体而言，群体可分为正式群体以及非正式群体。正式群体是由组织架构确定的、主要以工作岗位来界定工作任务的群体。正式群体围绕组织目标而形成，成员以完成组织任务为使命。非正式群体是指非由组织架构所确定的、员工为了特定目的或需求而自发形成的组合，例如，员工组成的足球队、围棋俱乐部或登山队。

群体可进一步分为层级型群体、任务型群体、利益型群体以及友谊型群体，前两者是正式群体，后两者是非正式群体。层级型群体是由组织架构决定的、由上下级人员组成的群体。一个企业以及企业中的一个部门都构成层级性群体，任务型群体也是由组织架构所决定的、为完成特定任务而协同工作的群体，其不限于上下级关系，还可能是跨部门人员组成的群体，例如为处理客户投诉而组建的跨部门联合应对小组。所有的层级型群体都属于任务型群体，但由于任务型群体可能跨越上下级之间的界限，因此任务型群体未必是层级型群体。利益型群体是指人们为了共同关心的目标而结合在一起的群体，例如为了争取增加薪资而组织在一起的员工就形成利益型群体。无论一个人是否属于层级型群体或任务型群体，其都可能成为利益型群体的一员。友谊型群体是指具有共同特征并因此具有友谊纽带的人们组成的群体，其常常超越了工作情境，例如体育俱乐部、某一球队的球迷或者关系亲密的老乡会。

我们之所以组成群体，很大一部分是由于社会认同的需要。个体只有在将自己归入某个群体并与其他群体相区分时，才能获得自己在社会上的身份认同，知道自己是谁以及如何行事。人作为群体性动物，在人际连接中只有时时根据不同场景将自己归入某一群体才能建立自身认知，没有连接及归类，人就不能确认自己为谁。个体可形成多种社会认同，其可以通过职业、工作单位、国籍、籍贯、民族、种族、性别、爱好等来定义差异性及社会认同乃至多重认同，并根据场景实时转换。美容师在向邻居介绍自己职业时，会告诉对方自己是位美容师，而在与医美人员介绍时会说自己是生美美容师。当她出国面对外国人时候，马上将自己归为中国人。在国外见到中国人时，会自然地询问对方是否是老乡。在男性占多数的场合，她马上将自己归入女性角色。

尼采曾说"疯狂对个体来说是例外，但对群体来说是规律"。中外都曾发生足球骚乱，支持不同球队的球迷组成的群体之间因为球赛的输赢而激烈打斗，并造成人员伤亡。当公司或所生活的城市出现负面新闻时，公司职员或城市居民会感到羞愧或愤懑。人们因为社会认同而对自己所属群体的成败荣辱产生悲喜骄馁的情绪，并将自己的自尊与群体紧密相连。当然，如果人们对于群体过于失望，就可能脱离该群体并拒绝承认自己是其一份子。然而，有些群体身份却并不因个人意志而改变，例如国籍、籍贯、性别等人口统计学特征。

社会认同感的产生很大程度上取决于以下因素：

（一）类同性

与组织中其他人具有相同的特征或认知将使人产生强烈的认同感，这种特征可以是生物学上的，例如性别、种族、民族，也可以是社会学上的，例如职业、专业、经验。相同的价值观及处事方法可以拉近人们之间的距离，新员工应尽快寻找新组织成员的类同性，以便减少心理不适从而更好地融入新组织。组织在接收新成员时，让与新成员具有类同性的老成员带教他们，将大大减少新员工的适应时间，更容易实现新员工较高满意度并减少其离职率。

（二）特异性

人们因为类同而聚合成群体，并以所属群体的特征与其他群体进行对比以寻求特殊之处及差异性。在生产型工厂车间内只有两位女性，她们可能因为共同的性别特征而产生强烈认同，而美容行业从业人员以女性为主，少数男性同事也会产生强烈认同。从同一所法学院毕业的同班同学，在律师事务所工作的人可能更认同其职业（律师），而在企业工作的人可能更加认同其工作的单位（例如政府机构或知名企业）。

（三）社会地位

社会地位事关人们的自尊与自我定义，人们更倾向于将自己与社会地位高的群体相联系。知名企业的职员有心无意展示带有企业标志的物品，其实是以一种低调方式强调与该企业之间的关联。人们通常不会认同那些自认为地位低下的群体，更可能做出改变以摆脱这种认同。一个人更倾向于介绍自己是北京人，而不会介绍自己是与河北交界处的北京农村人。中国人有修家谱的习惯，对于查不清始祖的家族，或者虽然知道始祖但属非知名人士的家族，修谱人就会攀附历史上社会地位高和声望好的名人作为家族始祖，这是古往今来社会认同的一个最佳例证。

社会认同可使人们确定与他人的异同之处并且帮助人们理解"我是谁"，它是人在社会上得以正常生存的必要条件之一。社会认同的最大弊端是会导致圈内人偏差，即我们会认为群体内的人优于群体外的人，而群体外的人都是一样的平庸；或者，我们认为群体内的人更值得亲切，而群体外的人会更加疏远。这些弊端产生的根源从心理上看是受到前文讨论的类我效应的影响，而这会导致刻板印象的偏见。

二、群体属性

工作群体作为正式群体，具有企业章程、制度等予以规范，具有严密组织性及特定属性，可激励、引导、控制成员的行为，并由此可以解释和预测工作群体内员工的行为及绩效。群体通常具有如下属性：

（一）个体角色

人们在社会和工作场景中都要扮演不同的角色，我们的行为也会随着角色的不同而改变。不同的群体对个体都会有不同的角色要求，而个体也会根据群体的要求而改变自己的行为。在工作场所中，人们彼此之间都会存在角色期望，对他人如何扮演角色及如何行事的期望，这种期望更多的是心理上的不成文契约：管理层期望下属工作勤奋主动、有上进心、服从指挥以及忠于组织，而下属则期望管理层公平、公正地对待每个人，能够为他们提供业务指导和工作反馈，管理层心胸宽广并且愿意虚心听取不同意见等。如果心理契约上的角色期望未能实现，相对方就会因此而产生消极情绪和行为。管理层未实现决策期望，员工会对上级和组织丧失信心，满意度和绩效水平都会下降，甚至另谋高就。而员工如果未实行角色期望，管理层就不会对其有好感，也不会关注或关心该员工，并且在业绩评估时会给予更低的评价，甚至会解聘该员工。当然，必须承认角色期望是相互影响的动态过程，往往是一方先行实现角色期望，从而激励对方也实现其角色期望，也可能是双方在同时实现角色期望的过程中彼此互动进而强化对方的行为，原则上，单方付出努力远没有双方共同努力的效果好，正如心理契约是约束双方的默契和内心承诺，彼此认可也必然是双方履行义务的结果。

(二) 规则

所有群体都有自己的规则，这些规则为群体成员提供了行为标准，其中许多规则是以组织文件或其他方式加以明示的显规则，而有些规则是由群体成员遵循却心照不宣的潜规则。潜规则有时是对显规则的有益补充，但有时却是对显规则的侵蚀和破坏。如果个体不想被群体其他成员排挤，就必须按群体规则行事，格格不入将会承受巨大的压力。当个体越渴望成为某个群体成员时，就越会遵循该群体的规则，并可能放弃与该群体规则相矛盾的其他群体的资格。群体规范将使成员受到从众压力的影响，因为人们希望与他人保持一致，避免因不同意见和行为而遭受指责或使自己变得孤立。

（三）地位

个体在群体中的地位来源主要取决于三方面因素。首先，控制资源的权利。资源包括人力资源和物质资源，控制人力资源主要指拥有人员奖惩、评价、招聘及解雇等权利。控制物质资源主要指掌控资金使用、工作资源调配等权利。掌握更多权力的人将拥有更高的地位。其次，对群体作出贡献的能力。能为组织的成功作出重大贡献的人通常具有更高的地位，例如，球队的主力队员以及乐队的主唱拥有更高的地位和发言权，以销售为主的公司中销售负责人拥有更高地位，而在以研发为主的公司中研发人员的地位会更高。具有某群体所注重的个人特征（例如富有、技术高超、大度、美貌）的人被认为更有魅力，其地位通常会比拥有较少此类特征的人更高。

实践中，地位高的群体成员通常比其他人更加随意地偏离群体规则，企业中常常出现破坏规则的首要分子恰恰是老板及高管。地位高的人拥有更多的权利和自由以抵制从众压力，从而使自己卓尔不群。如果一个人对群体而言很重要，但是他又不渴望或不在乎群体给予的奖励，那么他尤其可能不受从众压力的影响，并漠视群体规则，这就是有些体育明星、著名影星、网红、杰出学者们会对那些约束其同行的社会规范嗤之以鼻的根本原因。

地位的差异并不必然导致不公平，却往往是不公平的诱因。群体中地位高的人应采取措施确保组织公平（包括分配公平、程序公平及人际公平），其中，人际公平通常体现于地位不同的成员之间的交流互动。地位高的人在群体中通常更加武断，他们在沟通中说的多听的少，批评多鼓励少，要求多给予少，并会经常打断别人的谈话而直接作出决定，这实际上会让他人感到不公平。地位低的人在低公平环境中会三缄其口，管理层听不到员工真正的声音和不同的意见，组织的凝聚力和创新性会受到不利影响，群体的整体业绩和员工满意度呈下降趋势。

（四）凝聚力

不同的群体具有强弱不一的凝聚力，非正式组织可能比正式组织具有更强的凝聚力。高凝聚力可能是因为群体成员合作的时间更长，或者群体的规模小有利于成员之间紧密的互动，或者是外部威胁使群体成员更加团结。通常而言，高凝聚力会促使成员更加努力地为组织目标而奋斗，并会创造更高的效益。

企业领导者要关注企业本身以及企业内部不同群体的凝聚力，为增强凝聚力可以采取如下措施。首先，缩小群体规模。在任务不需要过多人员投入的情况下，尽量减小规模。原则上九人以下团队行动会更迅速有效，也更容易管理。其次，强调对群体目标的认同。企业在进行价值分配时应加大群体业绩所占评估权重，而相应降低个体业绩权重，引导成员对群体及个体业绩的双重关注。再次，提高群体地位及入围难度，使成员珍惜群体成员资格并由此获得更多的尊重和自豪感。最后，鼓励与其他群体竞争。通过树立对手而激发成员斗志，历史已屡次证明，外敌是促使国民团结的最佳方式之一。

三、群体决策及其弊端

中国古语道："三个臭皮匠，顶个诸葛亮。"这说明群体会为决策贡献更多智慧，可能会比个体作出的决策更优。然而，是否更优需取决于众多因素，群体决策也存在利弊之辩。

群体决策的优点在于群体成员可以贡献更多的信息的思路，从而使群体可以在决策时制订更多的备选方案，而且多人的讨论可以完善方案，同时，集体讨论特别是吸引地位低的成员共同参与将有助于增加组织公平感并提高决策被接受度和群体成员的目标承诺。群体决策也有弊端：首先，多人参与讨论沟通的过程将耗费更多时间；其次，群体内部存在从众压力，这将导致不同意见受到压制，特别是当群体中地位高的人强势专断时，将使得群体讨论流于形式。如果决策人只具有中等或偏下的能力及决策水平，就会降低决策水平，削弱整体业绩，正所谓"兵熊熊一个，将熊熊一窝"。

群体决策与个体决策相比，个体决策在速度方面更有优势，但在方案被成员接受程度方面群体决策更胜一筹。在准确性方面，群体中判断力最准确的人所作决策原则上会比群体决策更准确，而群体决策通常比普通成员作出的决策更准确，即群体决策通常会超越平庸但无法达到卓越，这可能是因为真正自由开放的讨论、争论后达成的群体决策通常是成员相互妥协的结果，西方议会达成的法案通常是此类"不优秀"妥协的例证。群体决策会产生如下两种副产品，这可能对决策质量及其客观性造成较大影响。

（一）群体思维

从众压力会使群体难以接受少数人提出的不受大众欢迎的观点和意见。如果一个人的观点与群体主流观点不一致，在从众压力下，个体可能选择服从或调整自己的心态予以接受。为了保持与群体的一致性，个体宁愿放弃原则及独立性。

群体思维往往出现选择性知觉偏差，无视与最初假设条件相反的意见或者对它们进行合理化解释，从而坚持最初的假设。如果有人胆敢质疑群体的共同观点或者反对大多数人支持的方案，群体成员会对反对者施加压力，此时群体成员会认为他们是在拯救误入歧途的羔羊。异议者常常通过保持沉默来避免与群体观点的不一致，但大家往往认为沉默代表赞同，换言之，缺席也会被视为赞成。

管理者可以采取下述措施弱化群体思维。首先，减少群体规模。群体规模越大，成员就会越畏缩和犹豫，大规模群体的凝聚力会较弱，个体在其中会降低个人责任感。其次，管理者应虚怀若谷，促使组织公平，能够让群体成员真正参与到决策过程中来，从而在不同意见碰撞中发现更优方案。最后，管理者在进行群体决策时，应提醒成员关注不利及相反证据及信息，必要时要像注重可行性报告一样研讨不可行性报告，以便能够更加客观地评价决策方案。

（二）群体极化

中外的研究者都在探讨一个现象，为何和平集会和游行会在酝酿一段时间后突然演变成暴力运动？平时一群温和并且胆小的人在革命时代为何汇聚到一起成为杀人如麻的刽子手？研究表明，群体决策通常表现出极端化的倾向。在有些情况下，群体决策会更为保守，但更多的情况下群体决策会更加激进。群体讨论将会使成员最初的立场得以强化，并向极端的方向偏移，保守者会更加保守，激进者会更加冒险。

对于为什么群体决策会偏向冒险，目前存在很多解释。有些人认为群体在沟通互动过程中，大家越来越熟悉，也变得越来越团结，而团结起来的力量使大家变得更加勇敢和大胆，这可以解释一群平时软弱怯懦的工人在罢工中为何表现得勇猛无畏。还有人认为"法不责众"使得群体决策分散了责任，由于人们不必单独承担责任，个体隐匿在群体的面纱下会变得更加冒险。互联网上的极端言辞如此之多，就是因为个人获得了匿名保护从而比现实生活中的思想更加极端。此外，社会比较理论认为，人们在与他人的比较中来评估自己的观点和认知自身,当人们在群体讨论中发现自己的观点与他人的相同或类似时,为了展示自己的高明及与众不同会更倾向于采取极端立场。

群体极化并非一无是处,其好处在于可以促进成员形成一致意见,增强组织凝聚力并塑造群体行为,这是大的革命与改革得以取得成功的重要因素之一。消极之处在于可能使错误的决策更加极端,从而造成更大的破坏力。群体决策是向保守还是冒险的方向偏移,这取决于群体成员讨论前的最初立场,即起点立场的倾向性。为了有意识地引导群体决策,管理者在群体讨论之前最好进行小范围的讨论,以便为群体讨论事先定调,以免群体讨论偏离太远。另一方面,管理者要时刻警惕选择性知觉造成的偏见,要允许群体中存在不同意见和声音,要关注反对意见和不利证据,并在群体中对其进行公开讨论以形成客观的评价。对于群体中持最极端立场的人员,一方面要向其说明极端的坏处,另一方面,要让他们对极端决策承担个人责任,从而使得他们发热的头脑趋于冷静。

四、团队与群体之别

团队有别于工作群体,其不仅仅因工作而成团,还有着鲜明的特质和个性化的品格:

(一)共同目的和业绩目标

团队具有共同奋斗的目的和宗旨,并借此将成员团结起来为之拼搏。没有共同的宗旨，成员就会各自为政、独立作战而不会有良好协同，而且这个宗旨是团队成员内心相信并真诚为之奉献的信仰，是激发团队成员主人翁精神的内在动因。成功的团队会通过内部成员共同的讨论而达成一个既反映集体意志又融合个人利益的宗旨，形成集体与个体利益的最大公约数，并且成员在奉献的氛围中约束个人行为而服务于集体目标。

团队必然与业绩相关联，优秀的团队会把宗旨转化为具体的业绩目标，并成为指引团队开展细节化工作的圭臬，随着业绩目标的持续达成，团队将获得正向激励，成员也将有更大的动力挑战新的目标。

（二）成员能力互补

团队不是简单的人员集合，而是能力不同的人的有机组合，是能力互补并且协同奋斗的集体。团队成员通常需要具备三种不同能力，首先是具有技术能力，能够满足客户需求和提供合格的产品和服务。其次，需要有识别问题、分析问题、解决问题及进行决策的能力，能够基于问题制订方案并作出有效抉择。最后，需要具有良好人际交往能力的成员，可以充当团队成员之间的润滑剂，倾听大家的心声并协调解决任务冲突及人际冲突。在宗旨及业绩目标确定后，团队成员不一定具备完成目标的全部能力，如果缺乏一定的能力，一方面可以寻求新的成员加入，补齐现有短板，另一方面现有成员可以通过培训方式获得相关技能，从而补齐团队短板。事实上，一个团队最初成立时不可能具备完成未来业绩目标的全部技能，因此成员的学习能力和意愿将是团队长胜的法宝，这也是学习型团队更易成功的根本原因。

（三）相同工作原则和共同责任

团队是个体的结合，其必然受到个体固有理念、思路和做事方式、方法的影响，但团队的重要作用就是将成员个性化的工作方法整合为相同的工作原则并由全体成员共同遵循。相同的工作原则及方法将减少团队内部沟通成本并提高效率，使成员之间不仅仅是分工更是协作，从而发挥出"1+1>2"的效果。

团队成员在共同宗旨的牵引下，在遵循相同的工作方法为了业绩目标携手奋斗的过程中，会形成共同的语言，也会形成同舟共济的奋斗共同体。成员不再是"我对老板负责"，而是"我们对自己负责"，大家在协同努力中形成共同责任感，愿意为团队奉献自己的力量。团队成员更愿意同甘共苦，因为每个成员知道是团队整体力量而非个人能力在实现目标，而责任也自然由全体成员共担，相应的成果也由大家共享。这就会形成良性循环，团队的力量创造更大的价值，个体分享到个人能力无法达到的价值，从而个体更加愿意参与到团队之中去分担责任并创造更多价值。在价值创造和分配过程中，团队相对于一般性工作群体而言会更加团结，彼此之间更加信任，除了一般性工作群体的分工协作之外，团队成员之间更多了感情上的认同、责任的共担与利益的共享。

并非所有的工作群体都能成为团队，团队与一般性工作群体的差异如下：

工作群体是个体的简单结合，群体中的每个人都是对自己个人负责，虽然有群体的指标，但群体指标分解到个人。虽然个人利益与群体指标相关，但每个人的业绩主要取决于自身努力和个人工作完成情况。因此，工作群体的业绩是成员个人业绩的简单相加。而团队成员对自己个人业绩负责的同时还要相互负责，大家是责任及利益共同体，在共同奋斗中创造更大价值，团队的总体业绩大于个体业绩之和，成员之间更具有合作意愿和奉献精神。

工作群体更注重执行命令，上级领导往往通过开会布置任务，下属仅需分工执行，而团队更注重行动前的共识，大家会共同进行开放式讨论以对目标、工作方法、路径等达成一致，在这个过程中可能存在争论、冲突，但最终会达成妥协。工作群体的领导者更关注自己的权威而不是尊重他人的意见和建议，对于习惯于命令的领导者而言，面子比业绩更优先，并且更倾向将失败归责于下属，由此下属也不会与领导真正地风雨同舟，常常是危难临头各自飞。

工作群体存在的价值在于完成工作，团队存在的价值在于完成信念。工作群体内部成员的关系相对单一，为了工作而在一起，仅需听从上级的指示即可，人们之间无需共同的宗旨和更多的信任与包容。而团队则需要心灵的沟通、理解与精神上的相互支持，团队成员为了共同信念而奋斗，其更关注集体的成功，这需要团队成员之间有深入的磨合，付出比一般的工作群体成员更多的心智和精力。简言之，短期性的或简单重复性的工作适合于个体或一般性工作群体完成，而长期性、复杂性或创造性的工作更适合于团队完成。

五、团队困扰

企业要打造各层级的团队，对于连锁企业而言，其各个门店就天然地成为独立作战的团队，而门店内部也会分成不同团队，例如，美容连锁企业门店内部也可分为美容师团队、项目老师团队等。在打造团队及团队日常工作过程中可能存在一些困扰，主要表现为：

（一）小团队成了"小山头"

门店的店长多数以业绩为导向，许多店长与店员以姐妹相称，关系紧密，良好的人际关系和氛围有助于团队的稳定和业绩提升。但有的店长为了实现业绩指标不惜违反规章制度，未经总部许可就使用价低质次的外部产品或私自引进外部项目，这些产品和项目没有严格的质量把控，极易引起客户投诉和行政处罚。团队的人为了眼前利益不愿破坏彼此感情，默许、参与这些不合规服务项目，为企业埋下违法违规的炸弹。如果总部进行处分，门店人员还心有不服，认为业绩为王，不合规也无所谓，这就是团队的价值观发生了偏差，与企业整体利益相冲突，这样的团队成了为了金钱不择手段的团伙，也成了损害连锁体系利益的"山头主义"。

对于门店的"山头主义",连锁机构要旗帜鲜明地抵制和打击。从根本上讲,要建立合法、合规经营的企业文化,不能为了业绩而损害顾客的利益,也不能为了赚钱而破坏内部规章制度。经营要有所敬畏,无所敬畏则不择手段,不择手段则必败无疑。

(二) 滥竽充数

团队有共同的目标和责任,强调集体奋斗。如果没有科学、细致的考评机制,就难以实施准确的个人绩效考核,个别人就会滥竽充数,最终会破坏团队内部的公平性及和谐。考核机制不能把大家推向个人本位主义,同时也要避免无原则的大锅饭。考核应把个人与团队的价值创造结合在一起,考核的事项应是单凭个人能力无法完成或胜任的,而所分配利益也是超出个人独自工作所能获取的。团队内部强调合作但也要有分工,因此考核要既考核合作成果也要考核分工成绩,两者不可偏废,这就让滥竽充数之人无处可藏。

(三) 员工个性化、多元化

年轻人更强调自我个性,并且理念、认知随着信息大爆炸而愈加多元。如何把一根根长满刺的荆条拧成一条绳,这是当代打造团队的一大挑战。企业要有战略和文化,而团队要有宗旨和信念,这都可以团结团队成员,让个性化的个人成为大的成员拼图的一部分,尽管每个人都形状各异,却能拼成美丽的图画。

员工可以有个性,却不能任性。企业文化可以容纳个人理念的多元化，但团队不能多极化，必须团结在企业文化之下方能成为企业长治久安的脊梁。

企业要包容个性化的员工，要建立机制让员工参与到决策过程中，要让员工充分发表意见以彰显个性，在流程中体现多元化的思维，让员工感受到参与决策过程的成就感，体会到集体决策的艰辛，这有助于员工形成目标承诺，从而团队成员在具体工作中乐于配合、协作，具有奉献精神，也更具有强大的抗挫折能力。

六、团队非万能

当团队建设已成为时髦的管理名字时，管理者要警惕凡事都要依靠团队的误区。团队必然要比个体占用更多的资源，增加沟通成本，而随着人员的增多，冲突也随之增多，管理难度呈现几何级增长。团队工作产出有可能低于投入，甚至造成高效率低效益的尴尬局面，因此，要谨慎评估有关工作是否真正需要团队来完成。

在什么情况下团队工作更有利呢？要从几个维度予以考量。首先，成员相互依赖性。该等事例在体育界非常明显，铅球、标枪运动员之间不是团队，每个队员都是单独完成比赛。短跑运动员原则上也不是团队作战，只有其参与接力比赛时，接力队才成为一个真正的团队，而篮球队和足球队等球类运动是典型的团队运动。团队任务的重要特征就在于成员间相互依赖及团队整体的成功有赖于个体的努力，而个体的成功也取决于其他成员的成功。如果一项任务不需要成员之间的紧密依赖，则由个体完成既符合人性又满足经济性。例如，美容师为顾客提供按摩服务，通常仅需一个人完成即可，而不需要几个人接力为顾客提供服务。其次，任务复杂性。当一项任务比较复杂，其流程要由多人配合完成或者需要大家集思广益贡献不同观点时，则团队的效果更佳。在美容院中，价值比较高的项目或外部合作项目的销售通常需要团队配合才能完成，美容师通常完成初步的项目铺垫和咨询后就需副店长或项目老师的参与以便推进销售工作。再次，环境压力性。当完成任务面临较大外部压力，团队将有助于缓解个体的紧张情绪。外部威胁是增强团队凝聚力的一个促进因素，同时也是团队自身存在必要性的内在逻辑之一。新店开业全员拓客就是对新团队的压力测试，拓客不成功则意味着开业失败。在门店生死存亡的压力下，新店团队更容易团结起来共同面对挑战，迸发出"不成功则成仁"的高昂斗志。最后，效果放大器。建立团队要实现总体业绩超过个体业绩之和，要实现"1＋1＞2"的效果。总而言之，团队工作不是万能的灵丹妙药，而个体工作也绝非一无是处。

员工激励

企业领导者都希望员工积极上进、主动担责,并具有主人翁精神和奉献意识。企业期盼员工尽心尽责,反过来员工期望企业能够尊重和认可自己的付出,在物质和精神层面都得到肯定与回报。对员工进行适宜的激励将有助于员工实现自身价值,也能为企业创造和谐的工作氛围,助力企业扬帆远航。

有利益的地方就有纷争,有人的地方就有惰性,纷争需要管控,而惰性需要激励去破除。创业者可以靠信念不待扬鞭自奋蹄,员工却往往需要牵引、督促等外部推力。员工激励需要制度设计,更需各方透彻的沟通方能实现初衷。

说"道"做到：
美容企业的经营管理之道

一、理论与实践

中小企业（特别是美容企业）面临高离职率的困扰，其重要原因之一是员工激励不足。激励不足就会导致员工对工作缺乏热情，士气低落，工作失误增加，随之而来的是客户投诉增加，最后员工没有信心继续做下去于是一走了之。古往今来激励问题都是人们津津乐道的话题，中国有"士为知己者死"的古语，而现代社会从动机及人性角度对于员工激励提出了许多理论。其中，马斯洛需求层次理论及下述几个理论在二十世纪五十年代得到迅速发展，并成为至今仍被广泛引用的理论。

（一）经济人假设理论

经济人假设是指每个人都是精明的经济利益计算者，都以追求个人利益最大化为目标，这是个人行为的基本动机。相应地，此理论认为人与生俱来就具有惰性，讨厌工作、避重就轻是人之天性，有效的激励就是以利益为诱饵，增加金钱奖励就可实现更高产出。

该理论认为企业管理的重点是不断提高工作效率，完成绩效指标，一切以结果为导向。管理制度上注重建立有权威性的管理机构，搭建严密的组织架构，发挥组织的管理功能，通过各项规章制度对员工进行严格管控，以实现统一化目标。在奖励方式上力主金钱、物质利益的刺激，突出个人价值分配与奖励，并通过扩大奖励级差来激励强者。同时，对消极怠工者进行严格的经济处罚，迫使其改变行为方式。

（二）社会人假设理论

社会人假设认为人是社会的存在，员工不是孤立存在的经济动物，而是作为社会上某个团体的一员并有所归属的"社会人"。与经济人假设相反，社会人假设认为人与人之间的关系和组织的归属感比金钱奖励更能激励人的行为。社会人不仅有对经济收入的需求，而且还需要安全、尊重和归属感等社会和心理需求。

该理论认为企业管理的重点是人的士气，要关心人、满足人的社会心理需要，其核心是强调人的社会需要对管理的决定性意义。管理制度上重视"非正式群体"的作用。经济人理论重视"正式群体"问题，即组织架构、岗位职责、规章制度等，但社会人理论认为"正式群体"之外还存在"非正式群体"，这是蕴藏于人际关系中的无形组织，其遵循人际关系的特殊规范，影响着群体成员的行为，并形成人们的归属感、整体感和安全感。

管理者的职能要发生转变，从只关注指挥、管控、督导转变为更关注员工的思想感情和非物质需求，通过形成企业内部良好人际关系来使员工获取认同感。在奖励方式上侧重集体奖励，并给予更多形式的非物质奖励，例如颁发奖状、给予带薪休假、当众分享成功经验、给予更多培训机会等。

（三）自我实现人假设理论

人都有自我实现的内在动力，都需要发挥自己的潜能，表现自己的才艺，人只有在潜能充分发挥、才艺充分展现时才会感到最大的满足。人的潜能、勤奋是天生的,如果环境适宜,努力工作就如野草惬意生长一般自然。外部压力不是促使人们实现业绩目标的唯一方法,人们在执行任务时能够做到自立、自控。

该理论认为管理的重点要从管人、管事转移到工作环境的打造上来,要给被管理者创造一个能发挥其潜力、才能的工作环境,减少和消除被管理者在自我实现过程中所遇到的障碍,以工作本身的挑战性来激发被管理者的潜力,使人们在完成组织目标的同时达成自我实现。

管理制度上给予被管理者更多自主权,保证人们能充分表达意见和建议,自由决定自己的工作方式和方法,实行员工自经营、自管理,以充分发挥个人主观能动性,释放个人活力,鼓舞员工主动承担责任并挑战更高目标。

管理者既不是工作指挥者,也不是人际关系的协调者,而是一个环境设计师,主要职责是设计一个适宜的工作环境,为员工提供自我生长、自我实现的土壤。它在奖励方式上更倾向给予人们来自工作本身的激励,给予人们更多的责任、担当和挑战,以满足人们的尊重需求和自我实现等高层次的需要。

(四)复杂人假设理论

该理论认为人是复杂的,人与人之间的才能、需求存在差异,同一个人在不同时间、地点、场合也会存在差异。每个人的需求及需求层次是动态变化的,随着人自身的变化,人与人之间的关系也会发生变化。虽然"经济人""社会人""自我实现人"

等理论各有其合理性的一面,但在不同时空也并不适用于同一个人或一切人。由于人是复杂的、变化的,因此要采取权变管理,管理者要能够从具体情况出发灵活应对,即以变化的管理应对复杂多变的人。正如《易经·系辞》所言"不可为典要,唯变所适",任何管理理论都不可为典要,唯有随机应变才能适应变易的世界。

上述早期动机理论由于符合人们的常识,从直觉上看符合逻辑,因此受到普遍认可就不足为奇。但遗憾的是,这些理论缺乏充分的证据支持和检验。心理学家、社会学家和管理学家无法通过科学的、可量化的研究证实这些理论的有效性及可测量性,伴随着学界对早期动机理论的批判,如下几个动机理论应运而生,并在实践中得到大量有效证据的支持。

(一)自我一致性理论

该理论研究的是人们追求目标的理由与自身喜好及价值观一致的程度,也就是外部环境与个人内部状态的和谐度。如果一个人追求目标的理由是因为自己喜爱,那么他就更可能实现目标,即使他未能实现目标也不会过分抱怨,因为在为实现目标而奋斗的过程本身就足以让他感到兴奋。然而,如果因为金钱、地位等外部因素而追求目标,则成功的可能性较小,而且即使成功幸福感也不强烈,其根本原因就是目标对其没有太大意义或吸引力不够强。"兴趣是最好的老师",这说明内在动机是人们努力奋斗并获得幸福感的源泉,相应地,因为内在原因而追求工作目标的人会表现出更高的满意度，他们的内在动机会与企业文化、价值观更加契合，工作中情绪会更加稳定和积极，工作绩效更高。对于企业管理者而言，除了提供外部激励外，还要给员工提供内部奖励，这些内部奖励包括对员工努力过程及工作成果的认可，为员工提供更多培训以支持其成长。此外，如果给予员工更多的权限和更大的自由度，则对于渴望自由和宽松环境的员工而言，将极大提高他们的积极性和创造力。

（二）目标设置理论

该理论认为，目标设置具有重大意义，人们的工作动机主要来源于为实现目标而工作的意愿。研究证实，明确而具体的目标能够有效提高工作绩效。与其空泛地教导孩子努力学习，不如协助他设定一个详细的学习计划，并由其按时间节点完成相关学习内容。通常而言，有具体目标的人比没有目标或只知"尽力而为"的人做得会更加出色。如果员工从内心真正接受困难的目标，那么就会比容易的目标创造更好的业绩。困难可以激发斗志，使人们处于战胜艰难的亢奋之中，并能促使团队成员更加团结，而团队在全力以赴解决困难的过程中通常会想出更好的解决方案。在设置目标的同时，管理者还要清晰地认识到对员工的工作提供反馈会比没有反馈创造更高的业绩。人们得到反馈才能发现自己在实现目标过程中存在的差距（涉及知识、经验、方法等方面），并内化为成长的动力。反馈可以指导人们的行为，同时也被视为认可与激励的一部分。

如果员工参与设置自己的目标，通常会为实现目标而更加努力，这主要是因为参与了目标设置的过程，员工会更加愿意接受目标，其对目标的承诺会给予其奋斗的动力。如果员工未参与目标设置，则目标设置人应对目标的重要性、可行性及实现路径进行详细解释，以便让员工更信服地接受目标。该理论的前提假设就是个人对目标的承诺，也就是个体既不会放弃目标，也不会降低目标，个体相信自己可以实现目标并具有实现目标的意愿。管理者应努力实现组织内所有成员对目标的承诺，并确保目标与组织战略和价值观相匹配。实践证明，为员工设置具体明确的、具有挑战性的目标，将有效激励员工并改进绩效。

（三）强化理论

目标设置理论是一种认知理论，其强调个体的目标、意愿引导着个体的行为，而强化理论则与之相反，其认为行为是由外部环境所决定的，不必考虑人的内在认知。控制行为的因素是强化物，如果个体的行为可以得到积极强化，则他重复该行为的可能性就会大大提高。例如，一个员工实现了良好的业绩，企业立即给其发放奖金，则该强化行为会促使员工更加努力地工作。显然，强化通过正向反馈对人的行为产生重大影响。但是必须承认，强化理论并不是解释员工积极性、满意度的唯一维度，其与其他理论结合将会更好地解释员工的心理和行为。

（四）公平理论

常言道"不患寡而患不均"。人们在日常生活及工作中都会选取参照对象作投入产出比率的比较，如果感觉自己的比率低于参照对象——同样的投入却获得较低的回报——就会感到不公平。员工通常选择如下参照对象进行比较：本部门同样职位的同事、本部门不同岗位的同事、其他部门的同事、企业外部同行业的同样岗位人员。通常而言，如果身边的熟悉参数对象与自己存在差异，则不公平感将更强烈。人们还通常与过去的自己比较，例如新工作的薪资待遇一定要比自己原来的工作更优越，新的单位一定要比原单位更有名气、规模更大，正所谓"人往高处走，水往低处流"。在企业招聘时，应聘者都会以原来自己的薪资作为锚定进行谈判，通常而言，其对获得20%的加薪就会感到满意，但实际上新单位愿意付出的薪资水平可能高于20%，或者招聘单位认为其现在的胜任力不够，可能会给予其低于原工资的薪资，应聘者就会认为薪资不公平而放弃该工作机会，但实际上新岗位虽然薪资低于原岗位，但其所提供的培训和晋升空间的价值可能远远超过期望薪资的差额。

该理论首先研究分配公平，即员工对于同工同酬、同等付出获得同样报酬的看法，这是对结果公平的感知。其次，该理论认为程序公平对于组织的公平也非常关键。员工不仅关注结果的公平，同时对于确定结果的程序是否公平也极为关注。如果有机会对上级表达其对结果的看法，有机会参与分配评估，或者能在某种程度上影响结果，员工就会感到程序上的公平。同时，管理层如能对结果进行详细而有说服力的解释，员工也会感受到程序上的公平。为了确保程序公平，管理层应纠正认知偏见（特别是对特定员工的个人偏见），依据事实而非情绪、情感做出判定，严格遵守规则及绩效评估程序，避免以个人好恶来决定绩效评估结果。

公平的另一个维度就是人际公平，指的是个体在组织成员的互动中感受到的他人给予的尊严、关怀及尊敬的程度。人在职位、社会地位等方面存在高低，但在人际交往中都渴望获得人格及尊严方面的平等和公平。在年轻一代越来越追求独立和尊严的情况下，组织中的人际公平对员工满意度和离职率越来越产生重要影响。一言不合就马上离职的事例已不鲜见，这说明新时代员工对尊重及公平的渴求。毋庸讳言，如果领导与下属公平相处，给予下属更多的关怀与尊重，那么下属就会回报以忠诚，谁会愿意轻易离开一位关怀自己、尊重自己的领导呢？

从上述各种动机理论可以看出，由于人性的复杂性和多变性，激励方式也应灵活多样以实现对员工的系统化、全面化的激励。激励大致可分为物质性激励和非物质性激励两大类：

（一）物质性激励

最直接的物质激励就是工资与奖金，如果工资高于市场平均水平并且奖金能体现贡献差异，则激励效果较好。有些美容企业实行的全员分红、期权计划等也会对员工产生较大激励作用。间接物质激励方式包括各种福利待遇，例如提供免费宿舍和餐饮、提供交通工具、通信费用补贴等。

（二）非物质性激励

非物质性奖励的形式多样，各个企业也大相径庭。有的企业注重职业发展培训，为员工作细致的职业发展规划，给员工提供更多的发展机会和更大的成长空间。有的企业关注团队内部人际关系建设，营造良好工作氛围，让员工融入集体并获得归属感和安全感。有的企业给予员工更大的自主权，鼓励员工个性化发展，激发员工潜力。有的企业让员工承担具有挑战性的工作，让员工把压力转变为动力，在工作成就中获得心灵满足。有的企业给予员工肯定和赞美，发放奖状、通报表扬、邀请员工参加管理者家宴，让员工体会到被他人尊重以及成就感。简言之，非物质激励使员工在精神、心理层面得到认可和激励，从而实现员工与组织的高度同频，员工在组织战略和业绩达成的同时也实现自我价值。

二、激励效果公式

激励的方式、方法多种多样，但其效果取决于如下因素，其公式为：

激励效果＝重要性×达成概率×兑现概率

重要性：是指激励内容对激励对象重要性程度。如果激励内容不是激励对象所需要的或对其而言无足轻重，则激励效果很小或趋于零。重要性与匹配度相关，可以采用匹配度确定重要性比值。例如，管理者许诺年终国外旅游，企业报销一半费用，管理者认为这是对员工的奖励，但员工认为出一半费用对他们也是沉重负担，而且旅游目的地也是管理者喜欢的城市而不是员工想旅游的地方，于是，该等管理者自认为很好的奖励对员工而言根本不是奖励，反而成为负担，与员工的需求匹配度几乎为零，所以激励效果也就没有。

达成概率：是指激励对象通过努力能达成目标的概率。目标太难以实现则激励对象就会放弃努力，因此，目标的设定应该是激励对象通过努力可以达到的高度而非遥不可及。例如，企业在制订期权计划时，行权条件之一就是业绩指标，包括企业总体业绩指标和员工个人业绩指标。如果员工认为业绩指标根本无法达成，则其就会认为无法获得期权，也就不会为获得期权而努力奋斗，那么期权计划就达不到激励的效果。

兑现概率：是指达成目标后能实现获得奖励的概率。激励对象觉得能够兑现才是关键。某些老板口惠而实不至，员工认为兑现概率很低，即使老板许诺再大的利益也没有激励效果，对于员工而言无非是画饼充饥而已。

三、激励误区

任何企业都想激励员工满怀激情、士气高昂地工作，以便员工能高效率地为企业创造效益，然而许多企业采取的激励措施却是南辕北辙，陷入各种误区。

（一）想要取得最佳成果，但去奖励看起来最忙碌、加班最多的人

企业倡导以结果为导向，成果越多就应该奖励越多，但在实际奖励时却重奖那些看起来最辛苦的人。看起来最忙碌、加班最多的人不一定是创造最大价值的人，也不一定是能人。老板常常做着口是心非之事，如此奖励不但不能激励出成果之人，反而奖励了一些假忙人。

（二）要求工作高质量，但设定不合理的完工期限

管理者常常是层层加码，上级本来给的工期就短，但中间层会再压缩，到了执行层就变得手忙脚乱赶时间。高质量的工作常需时间进行打磨，层层压缩时限根本无法保证质量。在此情况下盲目奖励完工最快者，就留下了质量隐患。社会上层出不穷的豆腐渣工程，通常都是赶工期的领导剪彩项目。

（三）希望有治本的方案，但奖励治标的方法

管理者想解决一些根本性、系统性的问题，就要寻求治本方案，但在实践中奖励那些短期性的治标方法。如果门店美容师积极性不高主要是因为店长管理方式简单粗暴，老板不解决店长管理思维和工作方式、方法的弊端，却想通过提高美容师奖金方式来安慰员工、激励员工积极性，结果是奖金短期刺激效应一过，员工仍是对店长敢怒不敢言，积极性仍然无法根本改观。

(四) 倡导对企业忠诚，但给威胁离职的人加薪及给新来的人更高薪资

企业都说老员工是最宝贵的财富，因为他们忠诚于公司，已与公司相伴多年共同成长。但当有人威胁离职时，管理者就通过加薪留人，那么所加薪资是对这些人背叛的奖赏吗？还是通过加薪购买他们的忠诚？这些要离职的人比其他安心工作的老员工更有价值吗？企业倾向于给新来的人更高薪资，正所谓"外来的和尚好念经"，但如果这些新人并没有比在同样岗位上工作多年的老员工有明显的能力、素质提升，仅仅因为他们是新入职的人员而给予更高的工资，这对老员工何谈公平？而新人对企业的忠诚度又无从谈起，这样岂不是对所谓珍惜老员工忠诚度宣传的讽刺？

(五) 声称简单最美，但奖励使事情复杂化的人

企业天天喊简化流程，减少层级，但每个人都想手握权力、发挥作用，于是设置许多看似重要实则不必要的环节。天天忙于管事、揽事的人，就是要把事情复杂化从而自己才有事可干，才能缓解自身无用的危机。领导也喜欢这些能将平淡演绎为精彩的下属，但是领导所奖励的恰恰与他所倡导的相反。

(六) 寻找有创意的人，但惩罚那些敢于特立独行的人

企业需要创意，这就需要寻觅有创意、有新想法的人，但对于身边有个性、特立独行的员工却一概嗤之以鼻，并将之视为异

类欲除之而后快。创新需要包容，领导者不能扩充自己狭隘的心胸，创新人才将永远无法在企业立足生根。

（七）需要创新，但惩罚未能成功的创意并奖励墨守成规之人

创新就意味着失败，有的企业声称拥抱变化，但不能容忍创新的失败，反而对墨守成规的人给予奖励，认为这是小心谨慎的品行。如此言行不一，创新从何谈起？

（八）要求团队合作，但只奖励团队中的个别人而忽略其他人

团队以团结和奉献精神为支柱，其核心是同舟共济和共担责任，并相应地共享成果。如果只奖励一部分团队成员而牺牲其他人的利益，那么团队内部合作将无法持久，这实质上是在破坏团队合作。

员工沟通

在企业的价值创造及价值分配过程中，人与人之间的沟通无处不在、无时不有，从沟通效果上讲，许多工作的拖延或失误都源于无效沟通或错误沟通。进行员工激励但不能沟通清楚，则可能事与愿违，与员工沟通质量的好坏直接决定领导者管理艺术的境界高低以及事业发展的顺利与否。

通常而言，一个组织的成员之间百分之七十以上矛盾是由于沟通不畅、沟通有误或沟通方式不佳导致的，其中包括上下级之间纵向沟通矛盾以及平级之间横向沟通矛盾，而尤以老板与员工以及领导者与下属之间沟通障碍为甚。良好的沟通搭起心灵的桥梁，可以跨越障碍，消除误会，达成默契。

一、沟通障碍

喋喋不休不一定是沟通。沟通涵盖信息传递、理解与反馈的全过程，完美的沟通是信息接收者能够完全感知到信息传递者所表达的事实、思想及情感，这种完美的"复印效果"在现实生活中是无法实现的。信息传递过程中的噪音是沟通的主要障碍，其中最常见及最重要的障碍如下：

（一）男女有别

世界上只有男女两类人，而许多冲突与误解都来源于性别差异，当然，这个结论也许可归咎于对性别群体的刻板印象。男性常常抱怨女性一直唠叨那些鸡皮蒜皮的小事，而女性则责怪男性连认真倾听一下自己心声的耐心都没有。多数研究表明，两者分歧的根源在于认知不同。男性在听到一件事或者问题时，他们习惯性地提供解决方案或答案，从而表明自己的独立性和能力，而女性在讲述某个问题或烦恼时是想通过沟通建立关系、增进亲密感和赢取同情与支持，她们不是为了获取他人的建议而更倾向于取得他人的理解。男人在沟通中更注重地位，提供建议和答案会让男人自我感觉良好，使自己显得更有知识、能力和经验，也更有控制力。女性通过交流以便建立关系，她们渴求的是倾诉对象而不是导师。

在工作中，男性领导常常苦恼于女性下属汇报时讲述感受、感觉而非具体事务，女性常常用描述性语言表述工作认知和个人观点,但缺乏详细的数据和事实支撑。男性领导会认为这些琐事和感觉与工作没有实质性关联,对这些事的讨论是毫无意义的浪费时间,而女性可能是要表达"工作出了问题,我需要你的理解和安慰"。

(二)粉饰

信息会被发送者有意加工,从而使信息更符合接收者的喜好。下属通过报喜不报忧或者轻描淡写严重的事故来逃避责罚,而上级好大喜功、刚愎自用也会促使下属对信息进行粉饰,从而使沟通失真。组织中管理层级越多、沟通链条越长,则粉饰的机会就越多,信息失真的程度和广度越大。

(三)信息过载

个体处理信息的能力是有限的,当信息量超过加工能力时就会出现信息过载。在信息过载情况下,个体不得不对信息进行筛选、过滤和忽略,从而使许多信息被放弃或无视,这导致沟通失效或失真。为了应对信息过载,可以设置垃圾信息过滤机制以减少接收量,同时,组织内部可建立明确的职责分工,专人对接类别化的信息,以减少个人的信息处理量。例如,美容院的副店长仅负责与顾客营销有关的信息处理及沟通,而对于员工培训方面的信息则由专门的培训部处理,专业化分工及清晰的岗位职责有助于应对信息过载的挑战。

(四)沟通心理障碍

根据国家卫健委新闻发布会的披露,2019年数据显示中国焦虑障碍的患病率为4.98%,其中就包括社交焦虑症。而存在沟通心理恐惧的人群涵盖了社交焦虑症,并且该人群规模比社交焦虑症的人群更大。国外研究者认为5%—20%的人有某种程度的沟通心理恐惧,他们在与别人进行口头或书面沟通时会感到过分紧张,他们通常会尽量避免与别人面谈或打电话,在拿起电话前常常踌躇很久,并不得不借助邮件或网络信息来代替直接沟通。组织中有些人沉默寡言,一方面是其对沟通抱有恐惧,另一方面他们会声称工作不一定需要太多沟通,并以自己现有工作成果为自己的行为进行合理化辩护,殊不知如果他们能够更好地沟通,则会取得更好的效果。管理者要关注沉默的大多数,对于其中存在沟通心理恐惧的人,要创造信任及宽松的氛围让其表达内心观点,管理者要时刻铭记沉默并不代表赞同。

二、角色偏差

上下级之间由于地位、立场的不同以及信息掌握的多寡差异,其思路、思维模式可能大相径庭,此外由于每个人的性格、脾气的不同更加剧了其在具体事务处理上的分歧,因此,在日常工作中密切而正确的沟通必不可少,其是弥合分歧、消除对抗的重要途径。在上下级沟通中,上级往往处于强势地位,虽然上级希望良好沟通,但常常不自觉地扮演了如下反派角色:

(一) 长辈

强势的领导者与下属的沟通,说是博采众议但往往成了领导的一言堂。这种一言堂长辈的作风,一是性格使然,二是因为此类领导从心底认为自己绝对正确,下属的建议和意见是没有价值的。这样的沟通与其说是谈话交流,还不如说是领导个人演讲,所谓商讨问题也成了下达指标、布置任务。下属也就不愿意与领导真心沟通,下属只需洗耳恭听、悉听尊便即可。

(二)判官

精明的领导者对下属的缺点、失误很清楚,在沟通时或直接或隐晦地批评下属的不足,沟通交流变成审判会、批斗会,特别是有些领导喜欢当着众人面批评、斥责甚至辱骂下属,员工忌惮领导的权威不敢当面顶撞,但心里不服可能怀有怨恨,员工压抑到一定时刻就会爆发,不是离职而去就是对抗内耗。

(三)报复者

心胸狭隘的领导者往往以个人好恶作为评判标准,对提反对意见的下属以及自己不喜欢的下属,就用显微镜去看他们的缺点,与下属沟通的唯一乐趣就是攻击对方让下属无地自容,并由此显示自己的权威,获得一种报复的快感。还有的领导者内心非常自卑,但表面非常自负,有意挑动下属矛盾让他们相互斗争,美其名曰权力平衡,他们在内斗中获得掌控的安全感,玩弄所谓的驭人之术。这些沟通方式都偏于阴暗,为君子所不齿,却为一众人等所追捧,实为制造矛盾的永动机。

(四)敷衍者

城府深及碌碌无为的领导者与下属沟通,常常会把大原则讲得头头是道，但对于具体细节却讳莫如深。城府深的领导要留一手，生怕下属学会了本领另立炉灶，而本身无能的领导也要披上冠冕堂皇的新装掩盖腹中空空。于是沟通成了海阔天空的话聊，下属交流之时心情澎湃，沟通之后心无所安，这种沟通就是敷衍塞责，所谓推心置腹其实都是假大空的虚与委蛇。

三、绩效评估反馈

企业管理者在制定业绩目标时通常是坚决甚至是武断的，并会千方百计说服下属理解和接受目标，但在业绩评估完成后，管理者却常常缺少激情和主动性去与下属做业绩评估的反馈，这有多方面原因。首先，当管理者指出业绩未达标者的不足之处时，多数员工会本能地进行自我防卫，部分员工会明确表示不接受评估结果或对部分内容提出质疑，会抱怨评估过程不公正、结果不公平，并将业绩不佳归咎于同事或外部环境因素，这通常让管理者感到难堪，管理者由此而不愿面对员工的抱怨。其次，员工常常更倾向于高估自己的绩效水平，即使管理者认为某员工绩效评估结果已经比较良好了，但可能会大大低于员工对自己的预期。前文讨论的归因理论表明，个体常常高估自己对组织成功所作出的贡献。管理者可以让部门所有员工各自写下自己对部门业绩结果的贡献百分比，在员工独立、匿名提交自己的认知时，管理者会惊奇地发现所有员工自认为的贡献比之和会远远超过100%。最后，管理者本身也不一定擅长沟通，或者虽然擅长沟通也不愿

第三章
团队的组建与培养

意沟通,因为没有人愿意面对显而易见的对抗。管理者通常对下属未能完成目标负有责任,面对业绩未达标的员工时,潜意识中通常有愧疚之情,因此,如果其能够回避沟通就会选择逃避面对员工。

绩效反馈是绩效提升的重要基础,是组织管理重要一环,管理者可以尝试如下改善措施。首先,在设立绩效目标时,应让员工参与讨论,力促各方对目标达成共识,员工做出目标承诺后就会更加努力,并且在达不成目标时也会更容易接受不利后果,从而减少其不良情绪和与上级的对抗性。其次,管理者不能只在年终时才对员工业绩给予反馈,此时木已成舟,只能对结果进行评判而不能改进。管理者更应该在任务执行过程中与员工保持沟通,实时对员工的工作进行指导、修正和反馈,显而易见,过程反馈远比结果反馈对员工的帮助更大。员工在管理者关心和支持下仍未达成业绩目标,就不会怨天尤人。最后,业绩评估程序应科学、公正,评估要基于可计量的数据和可查证的事实,沟通业绩评估结果时应让员工充分发表自己的看法,并给予针对性的解释。在业绩评估时,管理者一定要警惕认知偏见,特别是晕轮效应、易得性偏见及选择性知觉等,尽量让员工对评估流程及结果心服口服。管理者在评估现有业绩的基础上,更应着眼未来,为员工提供改善未来工作的建议,这样可以减少员工的逆反心理。管理者要扮演好自己的角色,纠正角色偏差,并牢记绩效评估反馈是为了赢得未来而不是执着于批判过去。

四、沟通黄金原则

领导者要想进行有效、高质量的沟通就需自我修炼，在时刻警惕和纠正角色偏差的同时，坚持如下沟通黄金法则：

（一）不带偏见的同理心

我们每个人都带着深深的偏见，上下级之间由于经济实力、地位、学识、人生经历、性格等诸多差异，其思路和观点很难天生一致，这就需要抛弃偏见以沟通达成共识。领导者需要设身处地去感受下属的情感，理解下属的想法，这样才能找到途径将下属思想统一到企业的战略、目标上来。同理心就是将心比心，下属也要放弃对上级的戒心和偏见，与领导坦诚相见，说出自己的真实想法以便领导解惑指路。领导者往往处于强势地位，沟通中最重要的是领导放下身段和偏见，这样才能为良好的沟通奠定成功的基石，并获得下属的积极反馈，形成良性互动，从而实现预期的沟通效果。

（二）不设前提的倾听

人们倾向于听到他们想听的事，而对讨厌的事情会选择充耳不闻。管理者应放弃预设的沟通前提，鼓励下属知无不言、言无不尽，这样才能准确了解下属的真实心态、想法和潜在需求。与下属沟通不是利益冲突的谈判，也不是单方面下达任务，这就首先需要领导者愿意倾听、善于倾听，唯有先听懂员工的心声才能与之进行真正的心灵沟通。

（三）不带功利的赞美

许多管理者吝于赞美，他们认为下属没有可赞之处，实际上却是他们没有发现美的眼睛。每个员工都渴望工作上取得成就，赢得他人的尊重。每个人身上都有惰性和依赖性，但也有上进心与责任感。管理者应善于发现下属的闪光点，不带功利地赞美他们的努力、奉献、技能、品质，让员工感受到他对团队是有用的，他的品行有着独特魅力，这样员工就会被感动，沟通也就成功了大部分。

（四）基于信任的指导与批评

管理者要相信每个员工都有潜力才能达成他想要的目标，管理者的责任就是为员工树立目标并指导他们全力以赴实现目标。管理者选择信任员工，员工就会自信满满、斗志昂扬，迸发出令人惊讶的力量。管理者也应适时对员工提出批评，纠正员工的错误。只要员工认为上级的批评是对事不对人，真心为了自己的进步，就会心悦诚服，积极改正错误。如果没有信任基础，则正确的批评也会被误解为吹毛求疵或恶意的人身攻击。

第四章
资本化之路与股权(期权)激励

资本化的造富效应吸引着无数企业家为之奋斗，并推动着大量资本涌入各行各业寻找优质企业并为之插上腾飞的翅膀。中国的风险投资、产业投资通过扶植、赋能有潜能、有前景的企业从而在资本市场实现自身利益的极大化，加速了中国产业的升级迭代。中国任何一个企业家都有着自己的资本化梦想，并按自己的方式探索可行的路径。为了把企业与员工结成命运共同体，中国企业越来越多地采用股权（期权）激励方式留住员工、激励人才，特别是那些启动资本化工作的企业几乎全部采用股权（期权）激励方式来激励高管人员及核心技术人员。当今时代，企业需要考量资本化道路的可能性以及实施股权（期权）激励方案的紧迫性。

资本化之路

美容连锁机构一直在探索资本化之路,但在中国大陆的证券交易所还没有任何美容连锁机构实现IPO,迄今为止仅有个别美容连锁机构被香港上市公司并购或在香港通过红筹方式上市。曾有许多美容连锁机构的老板与笔者探讨国内IPO的可能性,表达了众多美容连锁机构希望通过资本市场做大、做强的心声。

一、国内IPO障碍

笔者经过调研发现,运营良好的美容连锁机构的现金流充裕,无应收账款的困扰,营业收入比较稳定,但美容连锁机构在国内IPO面临如下障碍:

首先,美容连锁机构分为直营连锁和加盟连锁两大类。加盟连锁的门店与总部之间是管理服务和货品买卖关系，没有股权关联，在法律上资产是相互独立的，财务报表不能合并计算。直营连锁的门店与总部之间存在投资关系，但多数门店以独立法人或个体工商户方式存在以避免各主体之间的连带责任和风险，这使得直营连锁机构在法律上未能体现股权关联，财务上亦不能合并报表。

其次，出于节约成本等方面的考虑，许多直营门店以个体工商户形式设立，法律上无法纳入上市主体，并且，从业人员的社保、公积金等未按工资全额缴纳，存在不合规之处。

最后，美容院的收入几乎全部来源于个人消费，而美容院普遍缺乏严格的财务制度及收支软件，其收入、成本的可溯及性、可核查性难以确保，在IPO过程中其收入、成本的真实性、合理性无法有效核查，而这正是中国大陆IPO核查的重中之重，由此造成美容连锁企业在中国大陆证券交易所上市的根本性障碍。

鉴于存在上述障碍，美容连锁机构在中国大陆独立上市的机会渺茫，要想实现资本化之路，可以另辟蹊径，寻找被上市公司兼并收购的可能性，从而实现曲线上市。由于美容机构的现金流充沛，因此对于已上市公司有一定的吸引力，已上市公司可通过增发股份方式兼并美容连锁机构，美容连锁机构的原股东由此取得上市公司股票，实现资产的证券化。要实现已上市公司对美容连锁机构的该等兼并，首先，美容连锁机构要对自身的股权架构进行梳理，在法律和财务层面实现权益合并。其次，建立可核查、可溯源的数据化管理体系，运用行业的 SaaS 系统软件实现经营数据的可视化，进而对收入、成本实现全面、彻底、准确的核算。再次，实现按规定缴纳税收和员工社保基金。最后，美容连锁机构的估值能被兼并双方所接受。

二、企业估值方法

实践中对企业的估值有许多方式，并因被估值企业所属行业的不同以及所处发展阶段的不同而可能采取不同的估值方法，或者采用几种估值方法对同一企业进行评估并对不同结果进行比较和校对，从而确定合理估值。在实践中，常用的估值模型如下：

估 值 方 法	简　　　　介
折现现金流	以自由现金流为指标，用加权平均资本成本对自由现金流进行折现，从而计算出公司的价值。
账面净资产	基于会计数据反应的企业账面净资产值。
市盈率	指股票价格除以每股收益的比率。
市净率	指每股股价与每股净资产的比率。
重置成本	指按照当前市场条件，重新取得同样资产所需支付的现金或现金等价物金额。
清算价值	企业进行清算时的价值，通常低于账面价值。
网络点击量、访问量或订阅量	是依据非财务数据对互联网公司的估值，确定每个点击、访问或订阅的价格并乘以总量以计算总估值。

美容连锁机构良好的现金流是其投资价值的亮点，也是估值

的重要依据，因而，在收购兼并时可采用折现现金流估值方法。但其缺点在于未来现金流预测可能存在偏差，且折现率的确定也可能存在主观随意性，因此估值结果可能因人而异，存在较大差距。此外，从企业每年的现金流很难看出企业真实绩效，因为自由现金流的减少存在两种可能，一是企业绩效不佳，另一个是企业对未来进行了投资，减少了现金流。

在实践中，美容连锁企业老板更熟悉市盈率估值方法，大抵是因为他们都有炒股经历，对于市盈率概念非常熟悉，他们常常参考已上市连锁公司的市盈率对自身进行估值，但这可能是对该估值方法的误读。市盈率估值方法的公允性建立在可比性基础之上，即处于同一行业及同一发展阶段的公司的市盈率才具有可比性，不同行业或处于不同发展阶段的公司的预期增长率、投入资本回报率和资本结构可能显著不同，因此简单地比较市盈率不具有公允性，会导致错误的估值结果。考虑到目前中国大陆证券市场没有美容连锁上市公司，也就难以找到可供对比的上市公司市盈率。

根据笔者经验，对美容院进行估值时，可以盘点其稳定客的数量，并对每个稳定客的年度服务规划进行逐一分析，从而计算出所有稳定客年度项目的消费量和金额，由此能基本确定美容院的现金流及利润预测值，在此基础上就可使用折现现金流估值法进行估值，或者商定一定的市盈率从而确定估值。

笔者还处理过一些案例，在美容连锁机构引进外部投资时，为了简化估值程序及减少各方分歧，笔者设计了按稳定客数量定价的方式确定估值，这类似于互联网企业估值所采用的非财务数据方法：网络点击量、访问量或订阅量估值法。笔者设计的估值公式为：美容企业估值＝稳定客数量×单个稳定客价值。采用该估值方法的现实基础是交易双方都对美容业的经营有丰富的经验，对于稳定客的收现业绩有相对准确的预判，双方对稳定客能带来的价值有基本共识。从该交易完成后一年的企业运营结果看，企业实际经营业绩与各方当初的业绩预测偏差不大，各方在复盘时对当初投资时估值方法及估值金额都表示满意。

股权（期权）激励

越来越多的中国企业希望员工特别是高管人员及关键岗位核心人员与企业共同成长以建立命运共同体，并通过授予员工股权（期权）方式来激发员工的主人翁精神和斗志，达到员工与企业同舟共济、持久合作的目的。员工股权（期权）激励是非常专业化、系统化的工程，如果缺乏科学的设计及动态化的管理，则股权（期权）激励不但起不到激励效果，反而可能成为股东僵局、利益纷争的祸首。

一、股权（期权）激励模式

员工股权（期权）激励通常可采取三种模式：

（一）实股模式

顾名思义，实股模式就是激励对象以直接或间接方式实际取得公司的股权，并在工商登记备案成为公司或持股平台显名股东的方式。激励对象被实际授予股权后即成为公司直接或间接股东，享有股东权益并承担股东义务。

（二）期权模式

期权的字面含义是指可期待的权利，是赋予期权人在一定时间内的选择权。该模式给予激励对象按照约定的价格，在约定的期限内，满足一定的条件（通常为绩效目标）下取得公司股权的权利。当然，激励对象在可行权时有权放弃行权。某些企业将行权价格确定为零对价或接近于零对价的象征性价格，此时激励对象行权实质上是接受赠予。激励对象在行权后就以直接或间接方式实际取得公司的股权，并可在工商登记备案成为公司或持股平台显名股东。

（三）虚拟股权模式

虚拟股权是企业授予激励对象的分红权及基于虚拟股权的增殖权益，激励对象不享有虚拟股权的所有权，其不在工商备案登记中体现，在激励对象离职时将丧失虚拟股权。从经济实质上看，虚拟股权是基于公司利润的奖金分配模式。为了避免员工的误解，笔者在为企业设计虚拟股权时特意规避了"股权"或"期权"的用词，而使用了"分红份额"的表述，避免了日后激励对象基于股权或期权而主张公司法项下股东权益的尴尬局面。

选择何种激励模式取决于企业老板的初心、组织架构、企业未来人才规划以及企业发展所处的生命周期。原则上，实股方式直接给予了员工股权，其实质上是对员工历史贡献的肯定和奖励，期权模式是对员工未来业绩的奖励，而虚拟股权模式通常是在企业设立不久、员工对企业还没有很大信心或者老板对员工还不十分信任情况下，或者是在企业股权架构不规范、无法给予实际股权的情况下所做的一种临时性或过渡性安排。笔者在一些案例中曾见到企业老板想给予员工实股，但员工由于对企业运作不熟悉及对持股风险有疑虑而拒绝成为公司股东，经笔者耐心讲解，员工最终同意采用虚拟股权模式参与公司股权激励，这也反映出员工的风险偏好及价值判断时常与企业老板存在较大差异。

二、股权（期权）激励六大方面

股权激励方案涉及许多细节，主要涉及如下六个方面的内容：

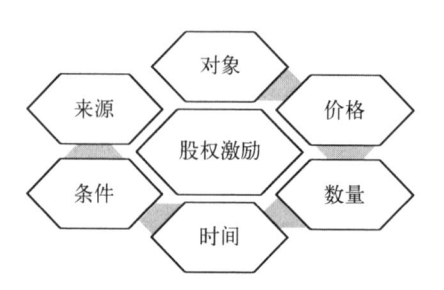

股权激励：对象、价格、数量、时间、条件、来源

（一）人

激励对象的范围通常涵盖企业的中高层管理者、业务人员、

技术人员和营销骨干，以及那些对公司创立、发展有特别贡献的人。美容连锁企业的激励对象原则上是区域经理及以上级别员工，店长通常不进入美容连锁企业整体股权激励对象范围，这是因为店长原则上只在所工作的门店创造价值，如果其参与整体价值分配将可能造成分配不公并引起内部矛盾。除了岗位、级别维度之外，实践中美容企业对激励对象在本企业的工作年限也有要求，例如某大型美容连锁企业要求"五年陈"员工（即已入职满五年员工）才有资格参与股权激励，这一方面是对老员工与企业长期奋斗的肯定，另一方面也是通过时间漏斗甄别出与企业价值观契合的员工，从而保证激励对象能够认可和传承企业文化，能够真正与企业长期共同成长。当然，各个企业对激励对象的要求可能各有侧重，有些企业对于急需人才就没有入职年限的要求，新入职的员工也可能因为优秀而被授予股权。

（二）量

由于股权激励绝大多数情况下是以低于市场估值甚至零对价授予员工的，因此，通常是企业老板让渡个人利益给员工，企业老板拿多少股权进行激励，与其说是科学的算计还不如说是老板的个人意愿和心胸。到底要拿多少股权用于激励，老板通常要考虑几方面因素：首先，用于激励的股权总量不应影响老板的控制权或影响力。其次，股权对应的权益是否对员工有吸引力，是否真能起到激励效果，对此可参考本书关于员工激励效果的相关章节内容。再次，在有偿授予的情况下，员工的支付能力以及愿意购买的数量。最后，有些老板还会考量员工不能基于激励股权获得太高收益，他们担心员工小富即安，过高、过早地实现财富自由将扼杀员工奋斗创业的激情。对于拟进行 IPO 的企业，股权激励的数量及定价还需考虑由此引起的会计上需进行的股权支付财务处理，其通常会对企业会计利润造成重大不利影响，这需律师和会计师进行全面和谨慎的股权激励方案设计。

笔者在为企业设计股权激励方案时，基本原则是激励对象的日常薪资水平应与市场同行业、同岗位人员的薪资持平，股权激励应是薪资之外的独立体系或者说是额外补充，底层逻辑就是日常薪资保证公司能招聘到与岗位相匹配的员工，而股权激励是授予那些与企业文化契合、愿与企业共同成长的员工，是留住理念相同、具有奉献精神的奋斗者的抓手，股权激励不应成为员工薪资的替代。某些企业老板认为给了员工股权激励，员工的薪资就应相应降低，甚至要在市场正常薪资标准上打几折，这就让员工认为老板可能在画饼充饥，那些虚无缥缈的股权激励无非是老板降薪招人的把戏而已，这就导致员工不愿参与股权激励计划，导致企业股权激励不但没起到激励作用，反而埋下不信任的种子。

（三）条件

授予股权的条件因为股权激励模式不同而有不同考量，实股模式下更关注历史业绩和贡献，其中还有企业老板个人情感的权重，期权模式和虚拟股权模式更侧重考察股权激励对象未来的业绩和价值创造。未来的业绩基于绩效分析和考核，其中绩效指标通常包括企业整体业绩指标、部门业绩指标以及个人业绩指标，并且三个指标要根据企业运营状况及员工岗位职责具体情况而设定不同权重。在期权模式下，行权条件通常就是实现业绩指标。

股权激励方案中除了授予条件及行权条件外，还涉及一系列限制性条件，例如，股权激励对象转让股权通常有严格限制，原则上不能转让给企业外部人员，离职时应把股权转让给企业实际控制人或其指定的内部人士，转让的价格也事先锁定而非届时再定价。激励对象的表决权可能受到限制，也可能要与实际控制人签署一致行动协议。此外，股权激励方案原则上还需规定详细的退出条件及价格。例如，员工退休、死亡时需退出股权激励方案，将股权按事先约定的价格或按事先约定的估值方式确定的价格转让给实际控制人或其指定的内部人士。如果企业发生重大事件时股权激励方案终止，激励对象应把股权按事先约定方式处置，这些重大事件包括企业破产清算、重大亏损或启动重大重组或资本运作等。

（四）时间

股权激励方案本身要设定有效期限，一方面方案在实施一段时间后有必要进行调整甚至终止，确定有效期可以在到期后灵活处理，另一方面方案本身要有稳定性，在有效期内不轻易改变以取信于员工，如果方案需要完善也尽量待期限届满后起草新的方案加以完善，当然，如果该等方案完善是给予激励对象更多的权益则另当别论。

在期权模式下，期权授予日、行权有效期、等待期（指授予日与行权日之间的期限）、行权日、付款日、股权登记备案日等时间节点要逐一明确。期权激励方案通常会设置三至五年的行权有效期，即自期权授予日开始三至五年内行权完毕，每年等比例或不等比例行权。

（五）来源

用于激励的股权通常有三个来源：增资扩股，即激励对象向企业增资取得股权，原有股东的股权全部等比例稀释；股权转让，即实际控制人向激励对象转让股权；股份公司收购本公司股份并奖励给激励对象，此方式主要适用于股份公司而不适用于通常的有限公司。

由于增资扩股要对原有股东的股权进行稀释，如果并非所有老股东都参与员工股权激励方案（例如原股东中的小股东或外部投资人不愿意参与给予员工利益的股权激励），则此方式就难以实施。实际控制人进行股权转让的方式由于仅涉及实际控制人的个人利益，不需老股东之间利益的协调和平衡，在实践中更易于操作。当然，如果企业本身股权结构比较单一，例如实际控制人单独持股或家族持股，则采用增资方式稀释所有老股东股权也不会存在大的利益冲突和障碍。

（六）估值

前文讨论的估值方法也适用于股权激励方案中的企业估值。在实施股权激励方案过程中，对于同一批次的股权激励对象给予的估值应保持一致，针对不同批次的激励对象给予的估值可以随时间和财务数据的变化而调整，但估值方法原则上在股权激励方案有效期内保持不变，以赋予估值方法的确定性。

笔者处理的众多股权激励案例中，许多老板在企业估值确定后会感到估值比自己的心理预期低，这主要因为他们有创始人情结，在对自己所创立的企业进行估值时加入了自己的情感因素，正所谓敝帚尚且自珍，何况自己花费心血创立的企业呢！但对于员工而言，他们不会有那么深厚的感情因素，同时对企业的未来发展和价值也缺乏认知，所以对于企业价值的认知就与老板有较大差距。曾有某美容业老板对笔者说："明明是个香饽饽，怎么员工认为是个鸡肋呢？"从某种意义上讲，这就是认知偏差，但从另一个层面看，股权激励本来就应该授予那些理念和认知基本一致的员工，而不是强求员工接受。更进一步讲，老板也不要盲目自矜，把企业估值定得很高，不但吓跑了投资人，即使那些能以折扣价取得激励股权的员工也会望而却步。

第五章
关店一身轻

企业皆有生存周期，而美容门店有开业必有关店。关不好店，就会债务、纠纷缠身；关好店，则会一身轻松。根据美团发布的《中国生活美容行业发展报告（2020）》，2020年中国的美容美体行业的关店率达到了20.3%，意味着超过1/5的门店关闭。美容店老板必须面对关店率如此之高的现实，在开店之时就应了解关店的操作细节，以终为始方能临危不乱。

关店的两种模式

美容门店关店通常采用两种模式，一种是现有老板把门店装修、设备及顾客转让给其他经营者，由新经营者以新品牌重新开业经营，现有老板实现顾客和装修的部分变现，并额外再收取一定的转让费或免收转让费，最终实现顾客和租赁场地的平稳让渡；另一种方式是现有老板关闭门店，终止经营并进行清算。前一种方式对于现有老板而言是其运营品牌门店的关闭，但对于顾客而言由于经营场所未发生变更，顾客逆反心理及反弹力度可能会小一些，大多数顾客会配合经营者的变更，这需要新经营者做好顾客的服务对接，安抚顾客不安心理，实现业务的平稳延续。后一种方式要处理终止经营的后续事宜，一招不慎则纠纷多多。

一、转店模式重要事项

转店模式涉及转让双方就人、财、物等各方面的交接，其涉及的重要事项如下：

（一）转让估值

美容门店转让通常是在经营不善情况下的无奈之举，由于门店业务已无法持续经营，因此以未来预测现金流折现方式估值就失去了基础，而前文已讨论的稳定客定价方式更趋合理。收购方应对拟受让门店的现有顾客进行仔细的盘点，以明确这些顾客日后是否会流失，未来可能产生多少业绩，门店投资人变更以及员工变化是否影响顾客消费意愿和信心。收购方应要求转让方提供所有顾客档案以及近十二个月收费明细，以便对顾客消费能力、服务项目、偏好进行详细分析，并结合收购方未来项目结构与顾客需求的匹配度来评估未来业务前景，并基于数据分析与出售方达成估值共识。在笔者处理的几个门店转让案例中，顾客档案的完备度及现有员工对顾客转移的配合度都会对交接及估值工作有重大影响。

（二）租赁合同权利义务转移

转店能够成功的重要基础之一就是租赁合同能够延续，由受让方（新经营者）承继原有租赁合同项下承租方的权利义务，以便受让方能够持续稳定地在现有门店经营。受让方应仔细查看租赁合同内容，特别是租期剩余时长、租金水平、解除条款等，并需要与出租方确认其同意由受让方承继原合同的权利义务，以实现租赁合同继续履行。在与出租方沟通过程中，受让方也可了解门店转让的真实原因和背景。笔者参与一个美容门店转让的案例中，发现转让方并未出现经营困难和资金障碍，在个人房东处也没了解到出让方经营不善的信息，于是通过周边商户调查才得知门店所在的商场要在半年后进行整体装修而全部关闭，所有商户在装修一年期间内无法正常经营。转让方事先得知了此消息，就企图转让门店减少损失。由于及时发现此情况，收购方终止交易避免日后重大损失。转让方隐瞒转让的重大不利因素，将为日后纠纷埋下伏笔，通过欺诈隐瞒转嫁风险，无非是给更大的风险种下一个因而已。门店转让方也应与出租方良好沟通，取得出租方的理解和配合，确保出租方能够延续原出租合同条款并与新经营者订立新合同，为成功转让门店打下坚实基础。

（三）员工安置

如果单个门店转让，门店员工通常有两个去向，一个是解除劳动合同，员工队伍解散；另一个是由受让方留用部分或全部员工。而连锁美容机构转让门店通常会把全部或部分员工调动到自己其他连锁经营的门店，这样一方面节省了解聘补偿费用，另一方面也是保留了优秀员工以充实其他门店。对于收购方而言，如果能留用部分老员工则对稳定现有顾客、保持业务连续性有益，但是，老员工是否服从收购方管理、是否适应收购方的管理模式都具有不确定性，根据笔者经验，收购方留用的老员工在半年内的流失率通常会达到50%以上。

（四）顾客交接

转让门店的估值主要取决于优质顾客的数量及其价值，由此双方应交接好顾客档案、消费记录等资料，同时，转让方应向受让方详细披露与顾客达成的或签订的其他文件和协议，例如项目返利协议、投诉赔偿协议。笔者处理的一个美容院收购案例中，收购方接收一个月之后发现出让方与几位顾客签有项目返利协议，即分年度返还顾客储值卡全部款项并支付利息，该协议将减少门店收益，并直接降低了门店的估值水平，同时增加了门店负债。由于在收购协议中事先设置了风险规避条款，即约定了收购款项在半年后付清，如发现出让方未披露的或有债务，则将在余款中扣除，对于不足部分转让方还需承担补足义务。据此，受让方要求出让方出面与顾客协商解除了相关协议，并由出让方承担了所有解除责任和赔偿。当然，如果出让方不去处理此事，则收购方将在余款中全额扣除需支出的返利款项，在此案例中收购方未遭受任何损失。由此可见，为避免日后纠纷，在转让过程中对于转让门店的最重大资产顾客应予以充分关注，要查得完全彻底、交接得清晰无误。

二、清算模式重要事项

门店关闭并进行清算是门店走向终结的最后一步，主要涉及房东、顾客及员工三方面关系的处理：

（一）房东

如果门店关闭清算之时租赁合同还未到期，则就需要与房东协商提前解约的违约责任，在实践中房东通常会没收租赁押金作为提前解约的赔偿。如果门店能坚持经营到租期届满终止日，则就会减少押金损失，因此，要权衡继续经营到租期届满日与提前终止合同之间的损益比。关店的另一大费用是房屋恢复原状的支出，这通常对于已决定关店的老板而言是额外的负担和不愿支付的成本。因此，在开店签订租赁合同时应避免约定将房屋恢复原状的义务，而应约定按使用后届时房屋现状交还房屋，这样可避免退租时产生的高额恢复原状费用。

（二）顾客

在门店关闭清算时，顾客将要求退还未耗卡的余款，但由于美容院几乎都是以收现金额而非实耗金额为基数进行手工费提成及收入分配，导致关店时账上就很少有充足资金用于退还顾客，如果处理不好顾客退款事宜就可能会造成群体投诉事件，引发大量纠纷或诉讼。

连锁机构门店由于可以将顾客转移到附近的其他门店继续提供服务，这样可以解决大部分顾客的疑虑，而对于不愿意转移门店的少数顾客可协商退款或通过额外赠予项目方式劝服顾客转移到其他门店，因此，连锁机构关闭个别门店的退款风险和压力较小，这就是为什么提倡集中开店的出发点，集中开店就是为了在关闭个别门店时可转移顾客到就近门店继续提供服务从而避免大规模群体纠纷的风险规避策略。单个门店无法像连锁门店一样内部可以转移顾客，则可与周边其他美容门店协调将顾客转移给他们。原则上，应选择与关闭门店服务项目类似的门店接手顾客，且其距离现有门店最好在一至二公里范围之内。拟关闭门店的店长或老板应以合作、合资名义在接手顾客的门店工作二至三个月，避免顾客忽然面对完全陌生的面孔和全新环境的不适感，以便平稳交接顾客。对于那些实在不愿转移门店接受服务的个别顾客，则可协商退款或以库存产品冲抵未耗卡金额等方式解决遗留问题。

(三) 员工

单个门店员工在关店后通常需解除劳动关系并予以补偿，连锁机构可以将员工转移到其他门店继续工作。连锁机构应就关店原因进行详细分析和检讨，找出无法持续经营的根本原因。如果是由于选址有误、成本高且客流量不足，则应提高选址能力。如果是项目不受欢迎、顾客消费及复购意愿不强，则应反思项目开发及立项能力方面的不足。如果是顾客对美容师服务态度、手法及环境卫生等抱怨较多，则应检讨店长的管理水平。如果分析下来发现是店长及美容师的工作能力和态度导致门店经营不善的，则该店长不应平调到其他门店做店长，而应降级使用并重新培训以提升其管理素质。关店的原因可能很多，但大多是人为因素。美容企业要勇于开店，也要在必要时舍得关店，这样才能实现人员素质及门店布局的不断优化和精进。

附件一：
股权激励方案（样本）

第一章 释 义

简　　称		释　　义
公司、本公司、MEI	指	MEI 有限公司
本激励计划、本计划	指	以间接持有公司股权的合伙企业投资份额为标的，对公司员工进行的长期性股权激励计划
合伙企业	指	间接持有公司股权的有限合伙企业
期权	指	公司授予激励对象在未来一定期限内以预先确定的价格和条件购买合伙企业一定数量投资份额的权利（特殊情况下，激励对象可通过向合伙企业增加投资的方式取得投资份额）
激励对象	指	按照本计划规定获得期权的公司员工
期权授权日	指	公司向激励对象授予期权的日期
等待期	指	期权授权日至期权可行权日之间的时间段

续　表

简　　称		释　　　义
行权	指	激励对象根据本激励计划，在规定的行权期内以预先确定的价格和条件购买合伙企业投资份额的行为
可行权日	指	激励对象可以开始行权的日期
行权价格	指	期权的激励对象购买合伙企业投资份额的价格
行权条件	指	期权的激励对象行使期权所必需满足的条件
期权管理小组	指	公司设立的管理授予期权、行权等具体事宜的机构
《公司法》	指	《中华人民共和国公司法》
《证券法》	指	《中华人民共和国证券法》
《公司章程》	指	《MEI美业发展有限公司章程》
元	指	人民币元

第二章　实施激励计划的目的

本激励计划的目的为：

一、进一步完善公司治理结构，建立健全公司长期、有效的激励约束机制，完善公司薪酬考核体系，促进公司持续、稳健、快速的发展。

二、建立多层次利益分享机制，梯次推进各级别人员的激励机制，全面完善事业分享体系。

三、倡导以价值为导向的绩效文化，建立股东与公司员工之间的利益共享和约束机制，提升公司管理团队的凝聚力，增强公司竞争力，确保公司未来发展战略和经营目标的实现。

四、有效调动管理层和重要骨干的积极性，为公司业绩的长期持续发展创造人力资源的竞争优势，并为吸引和保留优秀的管理人才和业务骨干提供一个良好的激励平台。

第三章 本激励计划的管理机构

一、公司股东会负责审议批准本计划。

二、期权管理小组是本计划的具体管理和实施机构，由公司法定代表人、总经理、人事负责人、财务负责人等人员组成，具体人员组成由公司董事长/法定代表人确定。

第四章 激励计划的激励对象

一、激励对象的确定依据

（一）激励对象确定的法律依据

本计划激励对象根据《公司法》《证券法》及其他有关法律、法规和规范性文件以及《公司章程》的相关规定，结合公司实际情况而确定。

（二）激励对象确定的工作时间依据

本计划激励对象为公司员工。所有激励对象必须在期权授权日在公司任职并与公司签署劳动合同。

（三）激励对象确定的职位依据

本计划对核心员工进行激励，重点针对有独特团队贡献的团队成员。激励对象主要包括：（1）管理层：公司中层以上职位；（2）技术骨干；（3）职能部门骨干；（4）初创团队成员：经期权管理小组审核批准，对于创业之初入职的成员可适当给予特殊准入制；（5）其他有特殊贡献人员。

二、激励对象的人数限制

根据《公司法》和《证券法》的有关要求并考虑到公司日后发展的长远规划，激励对象的人数原则上不超过 50 个主体。

第五章　激励计划的具体内容

一、标的期权来源

期权激励计划的标的期权来源为合伙企业向激励对象转让的投资份额（特殊情况下，激励对象可通过向合伙企业增加投资的方式取得投资份额，具体操作方式届时由期权管理小组另行确定）。

二、拟授予的期权数量

在合伙企业有限合伙人所持的投资份额范围内，由期权管理小组根据激励对象的人数、业绩考核结果等因素确定授予的期权数量。

三、期权激励计划的有效期、授权日、等待期、可行权日、禁售期

（一）有效期

本激励计划的有效期为 5 年，自激励对象的期权授权之日起算。

（二）授权日

本激励计划授予期权的授权日由期权管理小组确定，届时由期权管理小组会同合伙企业对激励对象进行授予、登记等相关程序。

（三）等待期

期权授权日后的 12 个月为本计划等待期。

（四）可行权日

本计划授予期权的行权期及各期行权时间安排如表所示：

行权期	行权时间	可行权数量占获授期权数量比例
第一个行权期	自授权日起 12 个月后的首个工作日起至授权日起 13 个月内的最后一个工作日当日止	50％
第二个行权期	自授权日起 24 个月后的首个工作日起至授权日起 25 个月内的最后一个工作日当日止	50％

在行权条件达成的情况下，激励对象可在行权期内行权，也可以选择推迟行权，但必须在公司股份制改制前或本激励计划的 5 年有效期届满前行权（以先到达期限为准）。

（五）禁售期及投资份额转让

禁售期是指对激励对象行权后所获合伙企业投资份额进行售出限制的时间段。除非获得合伙企业执行事务合伙人的同意，激励对象在公司任职期间不得转让合伙企业投资份额。

经合伙企业执行事务合伙人同意转让的投资份额，应转让给合伙企业执行事务合伙人指定的公司员工或合伙企业的合伙人或执行事务合伙人指定的其他第三方。

四、期权的行权价格和行权价格的确定方法

（一）期权的行权价格

本计划授予的期权的行权价格为【　】元/每份期权份额。

（二）授予的期权的行权价格的确定方法

本计划以合伙企业所持的公司股权的价值【　】为基础，分为【　】万份期权份额。

五、期权的授予与行权条件

（一）期权的授予条件

公司和激励对象只有在同时满足下列条件时，才能获授期权：

1. 公司未发生以下任一情形：

（1）最近一个会计年度财务会计报告被注册会计师出具否定意见或者无法表示意见的审计报告。

（2）最近一年内因重大违法违规行为被行政处罚。

2. 激励对象未发生以下任一情形：

（1）被追究刑事责任或遭受行政处罚的，或涉嫌犯罪被立案调查的。

（2）严重违反公司管理制度，或给公司造成经济损失，或给公司造成严重消极影响，受到公司行政处分的。

（二）期权的行权条件

期权的行权条件达成，则激励对象按照计划规定比例行权；反之，若行权条件未达成，则期权管理小组按照本计划相关规定，取消激励对象所获授期权当期可行权份额。

1. 公司业绩考核要求

注：行权条件由公司根据实际情况确定，公司业绩考核与个人考核可分开规定。也可仅列个人的年度KPI等指标，但在KPI指标中包括公司业绩考核内容。根本目的在于要将行权条件与公司的业绩状况及个人表现挂钩。

2. 个人考核要求

公司每年将对参加期权计划的员工进行业绩考核，当年业绩达标者，方符合下一年度的行权条件。公司有权根据员工考核结果评估是否取消激励对象未行权的期权。

第六章 公司实施激励计划、授予权益、激励对象行权的程序

一、实施激励计划的程序

（一）期权管理小组负责制订本激励计划。

（二）公司股东会批准本激励计划后即可以实施。

（三）期权管理小组办理具体的期权授予、行权等事宜。

二、期权的授予程序

（一）期权管理小组制订具体期权授予方案，确定激励对象名

单、期权数量等。

（二）授予条件满足后，对激励对象进行权益的授予，并完成登记等相关程序。

（三）激励对象应与公司和合伙企业签署《授予期权协议书》。

三、期权行权程序

（一）激励对象在可行权日内，提交《期权行权申请书》向公司确认行权的数量和价格。

（二）期权管理小组在对每个期权持有人的行权申请做出核实和认定后，由激励对象与合伙企业合伙人签署转让协议，支付相应的转让款项，办理有关登记备案手续。

第七章　公司与激励对象各自的权利与义务

一、公司的权利与义务

（一）公司有权要求激励对象按其所聘岗位的要求为公司工作，若激励对象不能胜任所聘工作岗位或者考核不合格，经期权管理小组决定，公司可取消激励对象尚未行权的期权。

（二）公司具有对本计划的解释和执行权，并按本计划规定对激励对象进行绩效考核，若激励对象未达到本计划所确定的行权条件，公司将按本计划规定的原则取消激励对象尚未行权的期权。

（三）若激励对象因不能胜任岗位工作、触犯法律、违反职业道德、泄漏公司机密、失职或渎职等行为而损害公司利益或声誉，经期权管理小组决定，公司取消激励对象尚未行权的期权，并且有权以原行权价回购激励对象已获得的合伙企业投资份额。

（四）公司根据国家税收法规的规定，代扣代缴激励对象应缴纳的个人所得税及其他税费。

（五）法律、法规规定的其他相关权利与义务。

二、激励对象的权利与义务

（一）激励对象应当按公司所聘岗位的要求，勤勉尽责、恪守职业道德，为公司的发展作出应有贡献。

（二）激励对象按照本激励计划的规定获取有关权益的资金来源为激励对象自筹资金，激励对象保证资金来源的合法性。

（三）激励对象有权且应当按照本激励计划的规定行权。

（四）激励对象获授的期权不得转让、用于担保或偿还债务。期权在行权前不享受合伙企业的合伙人权益，同时也不参与红利、股息的分配。

（五）激励对象因本激励计划获得的收益，应按国家税收法规缴纳个人所得税。

（六）激励对象在行权后离职的，应当在 2 年内不得从事与公司竞争、相同或类似的相关工作；如果激励对象在行权后离职、并在 2 年内从事与公司竞争、相同或类似工作的，激励对象应以原价返还其已获得的合伙企业投资份额并将其因行权所得全部收益（分红、股利、股息、转让投资份额所获收入等）返还给公司，并承担与其行权所得收益同等金额的违约金，给公司造成损失的，还应同时向公司承担赔偿责任。公司可另行要求激励对象签署保密协议、竞业禁止协议等协议和文件，激励对象承诺予以严格遵守。

（七）法律、法规规定的其他相关权利义务。

三、其他说明

公司确定本激励计划的激励对象，并不构成对员工聘用期限的承诺。公司仍按与激励对象签订的《劳动合同书》确定对员工的聘用关系。

第八章 激励计划的变更、终止

一、公司终止激励计划的情形

（一）公司控制权发生变更。

（二）公司出现合并、分立等情形。

（三）最近一个会计年度财务会计报告被注册会计师出具否定意见或者无法表示意见的审计报告。

（四）最近一年内因重大违法违规行为被主管部门予以行政处罚。

（五）公司启动股改程序。

当公司出现上述（一）至（四）终止本计划的情形时，激励对象已获准行权但尚未行权的期权终止行权，其未获准行权的期权取消；当公司出现上述（五）终止本计划的情形时，激励对象已获准行权但尚未行权的期权应在股改前行权，其未获准行权的期权取消。

二、激励对象个人情况变化的处理方式

（一）激励对象在公司内发生正常职务变更，其获授的期权按照本计划相关规定进行。

（二）激励对象如因出现以下情形之一而失去参与本计划的资格，期权管理中心可以决定对激励对象根据本计划在情况发生之日，对激励对象已获准行权但尚未行权的期权终止行权，其未获准行权的期权取消：

1. 因不能胜任岗位工作、触犯法律、违反执业道德、泄露公司机密、失职或渎职等行为而损害公司利益或声誉，或因任何原因导致公司解除与激励对象劳动关系的。

2. 期权管理中心认定的其他严重违反公司有关规定或严重损害公司利益的情形。

3. 激励对象因主动辞职而离职。

4. 违反国家法律法规并被刑事、行政处罚的其他行为。

发生上述情形的，期权管理中心有权决定回购激励对象因行权而取得的期权，回购价格为原始行权价。回购人为期权管理中心指定人员。

（三）激励对象因丧失劳动能力而离职，应分以下两种情况处理：

1. 当激励对象因工伤丧失劳动能力而离职时，在情况发生之日，对激励对象已获准行权但尚未行权的期权终止行权，其未获准行权的期权取消。期权管理中心有权决定回购激励对象因行权而取得的期权，回购价格为期权届时的估值。回购人为期权管理中心指定人员。

2. 当激励对象非因工伤丧失劳动能力而离职时，在情况发生之日，对激励对象已获准行权但尚未行权的期权终止行权，其未获准行权的期权取消。期权管理中心有权决定回购激励对象因行权而取得的期权，回购价格为原始行权价。回购人为期权管理中心指定人员。

（四）激励对象身故的情况处理

激励对象若身故的，在此情况发生之日，对激励对象已获准行权但尚未行权的期权终止行权，其未获准行权的期权取消。期权管理中心有权决定回购激励对象因行权而取得的期权，回购价格为期权届时的估值。回购人为期权管理中心指定人员。

（五）激励对象达到法定退休年龄退休后（男性年满60岁，女性年满55岁，如国家调整上述法定年龄，公司将作相应调整），对激励对象已获准行权但尚未行权的期权终止行权，其未获准行权的期权取消。期权管理中心有权决定回购激励对象因行权而取得的期权，回购价格为期权届时的估值。回购人为期权管理中心指定人员。

（六）发生前述回购情形时，激励对象未分配利润全部取消。

（七）其他未说明的情况由期权管理中心认定，并确定其处理方式。

第九章 附 则

一、如公司的关联公司员工拟参与本计划的，则可比照本计划的内容执行，具体在《授予期权协议书》中予以确定，并由期权管理小组根据实际情况予以调整、修订和实施。

二、本计划经公司股东会审议通过后生效。

三、本计划由期权管理小组负责具体解释和执行。

附件二：
伙伴成就计划/创投计划（样本）

第一章 释　义

名　词	释　　义
MEI集团、集团	以MEI品牌为纽带的美业连锁机构及其关联公司、企业、个体工商户，合称"MEI集团"
管理总部	MEI集团的管理总部（包括由总部指定的区域管理团队）
创投	MEI集团内部单一员工出资与MEI集团指定人士、机构、主体共同创业，即"创业＋投资"
创客	参与创投的MEI集团内部在职创业的单一员工或集团批准的外部招募合伙人
创投管理委员会	管理总部设立的创投运作具体事宜的提案、咨议机构，不低于70%的委员来自创客
创投管理小组	创投管理委员会下设的管理创投运作具体事宜的执行机构
创客竞聘评价小组	管理总部设立的选拔及评估创客资质的评审机构

附件二：

伙伴成就计划／创投计划（样本）

第二章 伙伴成就计划（创投）的初心和目的

一、为集团未来商业模式进行有益探索，支持创客成长为MEI集团事业传承人，创投门店转为事业传承人的投资店，亦可根据创客意愿由集团回收创客的投资从而将创投门店变为公司直营店。

二、MEI集团为各级人员提供了成长通道，实现员工财富自由。随着集团的不断壮大，资深顾问、资深店长、营运经理及以上职位人员队伍将持续扩大，但成为集团内部更高管理岗位的机会有限，这成为人才成长的天花板。MEI集团要掀掉人才成长的天花板，通过创投培养创业的创客，集团要将资金投资给勇于创业的奋斗者。

三、进一步完善MEI集团人才培养机制和发展模式，建立集团长期、有效的创业激励机制，完善、丰富集团薪酬体系、分配机制，促进集团持续、稳健、快速地发展。

四、倡导集团与个人共同持续发展的理念，让员工分享集团的成功与发展，激励持续价值的创造，保证集团的长期稳健发展。

五、MEI集团要实现全国千家连锁的战略目标，并做到管理全覆盖，就要通过放权实现管理的效率和效益，而放权的创新机制就是创投。

第三章　伙伴成就计划的管理机构

一、MEI集团股东会负责审议批准本规定。

二、创投管理中心是本计划的具体管理和实施机构，由MEI集团股东会确定具体组织架构及组成人员。

三、创投管理委员会由创投管理中心人员及创客组成，对创投具体运营提供意见和建议。

第四章　创客人选标准

一、确定创客的工作时间依据

创客为MEI集团在职员工或集团批准的外部招募合伙人，深度认同、积极践行和捍卫MEI集团核心企业文化。

二、确定创客的职位依据

（一）老区域创客竞聘准入标准：

1. 营运经理：具有2年以上MEI营运经理经验

2. 项目经理：具有2年项目经理经验及有3年以上店长经验

3. 主培老师：具有2年MEI新店事业部主培老师经验

4. 资深店长：具有2年以上MEI店长经验

5. 资深顾问：具有2年以上MEI顾问经验

6. 能力突出者，可特批进行创客评估

（二）新区域招募以下人员：

1. 营运经理：具有5年以上，美业3家以上门店成功管理经验

2. 资深店长：具有 5 年以上服务行业门店成功管理经验，并需进入公司任职管理岗位 6 个月以上

三、创客竞聘流程

创客在担任营运经理、项目经理、主培老师、店长及顾问期间，通过报名参与创投计划，由创客竞聘评价小组对报名伙伴进行标准考评，考评通过者即可成为 MEI 创客，签订协议共同投资开办创投店。

四、确定创客的能力指标

从技术与专业能力确定其管理的小组织经营成果合格，各项运营数据良好，具有自己培养、管理、领导建制完整运营团队的经历。

五、确定创客的综合素质指标

（一）以共赢为经营导向，不将个人私利放于首位，不为利益不择手段。

（二）拥有无畏困难和阻碍、创造可能性去达成目标的毅力。

（三）开放，拥抱变化，接受新鲜事物。

（四）以成功复制员工为重要核心能力。

（五）有容团队同伴所短、宽容待人的胸怀。

（六）有不断进取、令自己和团队强大的学习力。

六、确定创客的经营能力指标

（一）拓客能力

（二）咨询、成交能力

（三）员工管理能力

（四）顾客管理能力

（五）经营项目能力

（六）培训能力

（七）会议管理能力

（八）基础财务能力

注：原则上创客应以上述内容为标准，能力表现突出者可优先。

第五章　伙伴成就计划具体内容

一、创投区域

创投是在管理总部的统筹安排下，在特定区域的创业、投资，可在现有MEI所在区域及新开辟区域进行创投，优先地点为：

（一）现有MEI品牌所在城市，在此类城市营运经理的创投店原则上在同一市区。

（二）投资小、风险低、收益可观的地、县级城市，在MEI品牌未开发的城市，可存在多个创投团队。

（三）投资大、竞争激烈、收益及风险高、对品牌要求高的省会城市、样本城市慎投。

二、创投资金安排及分红

（一）资金安排：

1. 每个店由两个创客投资。营运经理可为3—4家店投资，店长为单店投资。

2. 创客需投入自有资金，每个店的创客投资比例为80%—90%，营运经理的投资比例为30%—40%，店长的投资比例为40%—50%。公司或公司指定人员的投资比例为10%—20%。

3. 以营运经理为创客的3—4家店，前两家店由MEI总部的指定主体和创客配资投入，原则上同一营运经理的创投不追加投资，第三家店起通过留存利润滚动开店。

4. 营运经理为多店创客，首批投资资金不得低于单店投资的20%，未来有继续投资的权利，直到达到比例上限。

5. 店长为单店创客，与营运经理、管理总部均非雇佣关系，首批投资资金不得低于单店投资的25%，未来有继续投资的权利，直到达到比例上限。

6. 单店及多店的首批投资资金差额，由MEI总部的指定主体投入，后续根据经营及投资情况，以当期净值做估价，转让给创投的营运经理或店长。

（二）分红：

1. 营运经理分红：

（1）身为营运经理的创客按可分配利润的50%进行分红（利润及核算原则以管理总部财务制度为准）。

（2）营运经理在完成3家（以协议规定店数为准）创投店投资前不分红，如需分红则需向创投管理小组提出申请，经批准可在两家店盈利后，将利润的50%进行财务年度分红，其余50%

利润用于滚动开店。新开门店的投资比例、分红比例保持不变。

（3）营运经理在完成 3 家创投店投资、每家店的实际投资比例不低于 30％的前提下，门店正常盈利后，按年度分红。

2. 店长分红：

（1）创投店长在该店投资占比 40％后，身为店长的创客按可分配利润 100％比例进行分红（利润及核算原则以管理总部财务制度确定为准）。

（2）在创投店长在该店投资占比 40％的前提下，门店正常盈利后，按年度分红。

三、创客的再发展

（一）所有创客皆有在 MEI 集团发展的机会。

（二）身为店长的创客发展方向：

1. 可向营运经理的创客发展，店长可培养自己的接班人，并向接班人转让原店投资股份，同时可以保留原店【　】％的股份。原则上转让后的门店不在未来成为营运经理的管理范围，即成为营运经理的创客后需另开新店。

2. 可通过帮带培训的方式培养出店长徒弟，在该徒弟可独自履行店长职责经营门店后，原创客店长向店长徒弟转让该店投资股份，同时原创客店长可以保留该店【　】％的股份，该创投店转由店长徒弟经营。原创客店长继续新开店成为新的创投店创客店长。

3. 身为营运经理的创客可向营运总监发展，营运经理可以选择其管理门店的店长成为自己的接班人，并向接班人转让管理店的股份，同时可以保留原管理店的【　】%的股份。竞聘成为营运总监后，即可成为总部管理层，可以投资 MEI 总部，成为 MEI 总部的股东。

四、合约期及期满规划

（一）原则上，MEI 总部的指定主体和创客之间的合作协议约定五年一个合约期。

（二）合约期满有如下选择：

1. 如经创投管理委员会根据每周年的年度评估结果综合评定创客为合格创业者，可与 MEI 总部签订永久合约，门店继续由 MEI 集团统一进行管理。

2. 集团收购创客的投资份额从而将创投变为公司直营店。具体内容详见《合作协议》。

五、创投未达预期及处置

（一）创投未达预期约定：

1. 违反本规定或《合作协议》或《服务协议》。

2. 创投门店总体现金流为负，需要追加投资。

3. 创投门店试营业之日起 24 个月内创投留存无利润。

（二）未达预期的处置方式及优先序位：

1. MEI 总部指定人士收购创客投资份额并转为新创投。

2. MEI 总部指定人士收购创客投资份额并转为直营店。

3. 店面整体转让。

4. 关店清算。未达预期情形发生之日起 30 日内，MEI 总部启动处置程序。

第六章 管理总部及创客的权利与义务

一、管理总部的权利与义务

（一）创投门店属 MEI 集团直营门店，按直营模式经营管理，管理总部对于创投门店有绝对管理权。

（二）集团建立统一的财务管理体系，创投所设立的门店（个体工商户）应纳入集团财务体系，其财务人员由集团财务部直管，门店（个体工商户）的收支、财务核算由总部负责，总部负责资金调配、使用，总部无需支付任何资金利息和成本。

（三）管理总部提供信息化系统，创投所设立的门店（个体工商户）的经营应纳入集团信息化系统，确保信息的完整、准确、及时。

（四）管理总部负责确定开店地址、开店节奏、商务谈判及协议签约，负责创投所设立的门店（个体工商户）的统一装修，确保 MEI 连锁的统一形象。

（五）管理总部提供新店员工培训、开业、获客、项目建设方面的链条式服务。

（六）管理总部为创投提供人力资源方面的支持，为创投提供人员培训、教育、成长方面的支持和服务。管理总部为创客提供个人学习、成长通道。

附件二：

伙伴成就计划／创投计划（样本）

（七）管理总部搭建供应链体系，统一输出产品、项目，创投所设立的门店（个体工商户）必须使用总部供应链体系，无权在该供应链体系之外擅自使用其他产品、项目。

（八）管理总部负责 MEI 品牌的宣传、维护和推广，创客应维护 MEI 品牌形象，服从管理总部的品牌战略和规划。

（九）管理总部负责会员的日常服务数据采集、更新，并负责会员的经营、管理及客服系统的建立和完善，管理总部建立、使用的网络系统所收集、整理的美容院经营信息、用户、会员的个人信息所有权、处置权等权益归属管理总部。

（十）管理总部将收取创投所设立的门店（个体工商户）的管理费、品牌风险保障费，具体以管理总部确定的财务核算原则为准，并在相关服务合同中明确。

（十一）根据创投的发展情况不时更新的其他相关权利与义务。

二、创客的权利与义务

（一）根据创投合作协议约定享有可分配利润的分红权。

（二）创客及创投投资的门店（个体工商户）应纳入管理总部和/或指定管理部门确定的管理架构，服从管理总部的管理和督导，创客在总部的指导下负责招聘门店员工，对员工进行日常管理，在管理总部确定的管理架构、薪资架构内对员工进行考核、定岗、定编。

（三）创投投资的门店需向管理总部交合同收入【　】%作为

品牌风险保障费及【　】%作为总部管理费（该管理费涵盖一切职能费用，不再另外分摊费用到店面，部分内包收费项除外，如新店拓展支持部、新店事业部）。

（四）创客需在管理总部（或区域）的管理下负责门店的日常经营工作，如因创客的故意及个人利益导向而导致创投投资的门店（个体工商户）出现消费者侵权/伤害、违规处罚、员工损害赔偿等情况，则创客需承担相应责任和赔偿。

（五）创客应在大局下经营门店，不得因自己创投门店的经营利益而损害其他门店的利益，包括顾客、员工等。

（六）创客进行选址及市场调研需向管理总部提供书面报告，由管理总部具体部门确定开店地址、开店节奏、商务谈判及协议签约。

（七）创客可以在管理总部（或区域）的协同下自己制订个人成长规划，由管理总部提供成长培训。

（八）创客应严格遵守 MEI 制度、标准和流程，以确保员工满意度、顾客满意度。

三、法律文件

（一）创客需与管理总部指定人员签订《合作协议》，就投资比例和权益分配、品牌管理等进行明确约定。

（二）创客应与管理总部（MEI 集团或其分公司、子公司或关联方或其指定方）签署《服务协议》，接受 MEI 连锁体系的管理，管理总部派驻创投门店提供服务的相关服务费用及成本承担在服务协议中约定。此外，创投还应遵守管理总部不时颁布、实施的各项管理制度，以维护MEI品牌形象，并以集团价值观为最高准则。

第七章　附　　则

一、本计划经MEI集团股东会审议通过后生效。

二、本计划由创投管理委员会负责具体解释和执行。

附件三：
美容美发业管理暂行办法
（商务部令 2004 年第 19 号）

第一条　为了促进美容美发业的健康发展，规范美容美发服务行为，维护美容美发经营者和消费者的合法权益，根据国家有关法律、行政法规，制定本办法。

第二条　在中华人民共和国境内从事美容美发经营活动，适用本办法。

本办法所称美容，是指运用手法技术、器械设备并借助化妆、美容护肤等产品，为消费者提供人体表面无创伤性、非侵入性的皮肤清洁、皮肤保养、化妆修饰等服务的经营性行为。

本办法所称美发，是指运用手法技艺、器械设备并借助洗发、护发、染发、烫发等产品，为消费者提供发型设计、修剪造型、发质养护等服务的经营性行为。

第三条　商务部主管全国美容美发业工作，各级商务主管部门在本行政区域内对美容美发业进行指导、协调、监督和管理。

第四条 从事美容美发经营活动的经营者,应当符合下列基本条件:

(一)具有承担民事责任的能力;

(二)具有固定的经营场所;

(三)具有与所经营的服务项目相适应的设施设备;

(四)具有取得相应资格证书的专业技术人员。

第五条 美容美发经营者应当具有明确的服务项目范围,并按照其服务项目范围提供服务,同时从事医疗美容服务的,应当符合卫生管理部门的有关规定。

第六条 国家鼓励美容美发经营者采用国际上先进的服务理念、管理方式和经营方式,为消费者提供优质服务。

第七条 国家在美容美发业推行分等定级标准,实行等级评定制度,促进美容美发行业的规范化和专业化。

第八条 美容美发经营者及从业人员应当遵守国家法律、法规和相关的职业道德规范,不得从事色情服务等违法活动。

第九条 美容美发经营者应当执行本行业的专业技术条件、服务规范、质量标准和操作规程。

第十条 从事美容美发服务的美容师、美发师及其他专业技术人员,应当取得国家有关部门颁发的资格证书,其他从业人员应当经过有关专业组织或机构进行的培训并取得合格证书。

第十一条 美容美发经营者应当在经营场所醒目位置上明示

营业执照、卫生许可证、服务项目和收费标准等。

第十二条　美容美发经营者在提供服务时应当向消费者说明服务价格。对在服务过程中销售的美容美发用品应当明码标价。对所使用的美容美发用品和器械应当向消费者展示，供消费者选择使用。

美容美发经营者在提供服务后，应当向消费者出具相应的消费凭证或者服务单据。

第十三条　美容美发经营者在提供服务时，应当询问消费者的要求，向消费者提供与服务有关的真实信息，对消费者提出的有关产品、服务等方面的问题，应当做出真实明确的答复，不得欺骗和误导消费者。

第十四条　美容美发服务所使用和销售的各种洗发、护发、染发、烫发和洁肤、护肤、彩妆等用品以及相应器械，应当符合国家有关产品质量和安全卫生的规定和标准，不得使用和销售假冒伪劣产品。

第十五条　美容美发经营场所应当符合有关卫生规定和标准，具有相应的卫生消毒设备和措施；从业人员必须经过卫生部门的健康检查，持健康证明上岗。

第十六条　各级商务主管部门应当加强对本行政区域内的美容美发业的管理与协调，指导当地行业协会（商会），在信息、标准、培训、信用、技术等方面开展服务工作。

第十七条　美容美发行业协会（商会）应当积极为经营者提

供服务，维护经营者的合法权益，加强对美容美发行业发展的引导和监督，做好行业自律工作。美容美发经营者应当向当地美容美发协会（商会）进行企业信息备案登记。

第十八条　各级商务主管部门对于违反本办法的美容美发经营者可以予以警告，令其限期改正；必要时，可以向社会公告。对依据有关法律、法规应予以处罚的，各级商务主管部门可以提请有关部门依法处罚。

第十九条　各省、自治区、直辖市商务主管部门可以依据本办法，结合本行政区域内的美容美发业实际情况，制定有关实施办法。

第二十条　本办法由商务部负责解释。

第二十一条　本办法自 2005 年 1 月 1 日起实施。

附件四：
美发美容业开业的专业条件和技术要求
（中华人民共和国行业标准
SB/T10270－1996）

1. 范围

本标准规定了美发美容业的定义和开业应具备的经营服务场地、经营服务设施、经营管理和业务技术的基本要求。本标准适用于各行各业开设的各种经济成分的专业美（理）发美容公司、店、厅、馆、室、廊、屋和饭店、宾馆、游船、机关、企事业单位等开设的美（理）发美容厅、馆、室。

2. 引用标准

下列法规和标准包含的条文，通过在本标准中引用而构成为本标准的条文。在法规发布和标准出版时，所示版本均为有效。所有法规、标准都会被修订，使用本标准的各方应探讨使用下列法规、标准最新版本的可能性。

附件四：

美发美容业开业的专业条件和技术要求
（中华人民共和国行业标准 SB/T10270-1996）

1987年4月1日国务院发布《公共场所卫生管理条例》

1991年3月11日卫生部发布《公共场所卫生管理条例实施细则》

GB 9666-1996 理发店、美容店卫生标准

3. 定义

本标准采用下列定义。

3.1 美（理）发 hairdressing

根据宾客头型、脸型、发质和要求，为其设计、剪修、制作发型，提供肩部以上按摩及其相关服务。

3.2 美容 beauty

根据宾客的面型、皮肤特点和要求，运用多种美容技术、器械和化妆品，为其提供真皮层以上的护肤美容、化妆美容及其相关服务。

4. 专业条件和技术要求

本章所列条款对乡镇或街道简易理发店（摊）仅有参考作用，对乡镇或街道简易理发店（摊）的要求见附录A（标准的附录）。

美（理）发美容业开业应具备的专业条件包括：经营服务场地，经营服务设施，经营管理和业务技术等几个方面。

4.1 经营服务场地

—门面装饰美观，有明显的标志，字号牌匾的文字书写规范、工整、醒目，店面橱窗布置整齐、洁净，有特色；

—室内整洁，通风良好，光线充足，温度适宜，并有一定的等候面积和条件。

4.2 经营服务设施

—理发座椅、美容床及所需各类工具、用具齐全；

—有与经营美容服务相适应的仪器和器械用具；

—洗发、烫发、染发、漂发、护发、固发、刮脸（修面）及美容等服务项目所用的各种化学或天然物制成的用品，应符合国家卫生标准和要求，并经国家有关部门检验合格的产品；

—上下水道畅通，消毒设备齐全，面巾、围布、胡刷、刀剪、推子等工具用具的消毒应有保证，并设有皮肤病患者的专用工具；

—消防安全设施齐备。

4.3 经营管理

—严格按政府的有关法律、法令和行业的有关规定组织经营管理；

—实行岗位责任制和服务规范化；

—应明示全部服务项目的收费标准和营业时间；

—上岗人员一律着工作服，保持整洁，并佩带标志。

4.4 业务技术

4.4.1 基本要求

从业人员应达到以下基本要求：

—信守职业道德，遵纪守法，具有初中以上文化程度或同等

附件四：

美发美容业开业的专业条件和技术要求
（中华人民共和国行业标准 SB/T10270-1996）

学历；

—具有国家颁发的等级技师证书或是经过专业部门考核，达到岗位合格的要求；

—身体健康无传染性疾病、皮肤病（美容技术人员应无色盲），按规定定期进行健康检查，取得健康合格证。

4.4.2 岗位合格的标准

a）负责人

—熟知国家和行业主管部门有关经营美发美容业的各项法律、法令和规定；

—掌握本店经营项目的有关知识，能解决服务过程中的具体问题；

—具有一定的经营管理能力和组织领导能力。

b）美（理）发技术人员

—熟悉美（理）发服务程序、服务项目、质量标准、岗位责任和规范要求；

—能独立进行洗发、剪发、吹风、梳理、刮脸（修面）、烫发、染发、漂发、造型的技术操作，并掌握几种辫发、盘发的技法；

—掌握直线条、有层次发型的基本剪法和男士短发式推剪技法；

—掌握头部经络、穴位的一般常识及按摩的程序和手法；

—熟练使用一般美（理）发用品、工具、设备，并能对美

（理）发器具进行检查、排障、消毒和保养；

－掌握安全用电知识和方法；

－能按美（理）发服务的要求，搞好环境和个人卫生；

－了解本单位经营管理制度，接待顾客文明礼貌，涉外服务还应具备一定的外语会话能力。

c）美容技术人员

－了解皮肤、脸型、头型、体型的类型特征及其不同美容工艺操作要求；

－了解皮肤结构、头部骨骼、肌肉构成及经络、穴位的一般常识；

－了解一般化妆美容、护肤美容的工艺技术操作规程、操作要求、操作方法和工艺质量标准；

－具有护肤美容的基本技能，并能根据不同皮肤，选择合适的护肤用品；

－掌握本店所使用的各种护肤用品的技能、成分、特点和使用方法；

－掌握生活简妆、日妆、晚妆的化妆技能；

－能正确操作有关的美容仪器设备，并能进行一般美容器械用具的维护、保养、清洗、消毒；

－掌握安全用电知识和方法；

－懂得有关的化学及色彩常识；

－文明礼貌待客，涉外服务还应掌握一般的外语会话能力。

附件四：

美发美容业开业的专业条件和技术要求
（中华人民共和国行业标准 SB／T10270－1996）

对乡镇或街道简易理发店（摊）的要求

A1　服务设施

－应有固定的服务场地；

－理发座椅、工具、用具及必需的消毒用品齐全；

－用水及主要用品、用具、工具（包括：面巾、围布、胡刷、刀剪、推子等）消毒必须符合卫生要求，对皮肤病患者应有专用工具。

A2　经营管理

－严格执行政府的有关法律、法令和行业的有关规定；

－保证经营场地的整洁，并达到安全卫生的要求；

－应明示服务项目、收费标准、营业时间；

－上岗着工作服，并保持整洁。

A3　技术人员

－信守职业道德，遵纪守法，文明用语，礼貌服务；

－身体健康，无传染性疾病和皮肤病，按规定定期进行健康检查并取得健康合格证；

－掌握推剪、洗头、刮脸（修面）、吹风等技法；

－能理男、女式一般发型，并达到质量规定的要求；

－掌握各种工具、用具的排障、消毒和保养的方法；

－掌握安全用电的知识和方法；

－按要求搞好环境和个人的卫生。

参考文献

1. 王世舜、王翠叶译注：《尚书》，中华书局，2012年。
2. 杨伯峻译注：《论语译注》，中华书局，2017年。
3. 陈鼓应、赵建伟注译：《周易今注今译》，商务印书馆，2016年。
4. 陈鼓应注译：《老子今注今译》（修订本），商务印书馆，2016年。
5. [美]马克斯·巴泽曼著，杜伟宇、李同吉译：《管理决策中的判断》（第6版），人民邮电出版社，2017年。
6. [美]杰弗里·索南菲尔德、[美]安德鲁·沃德著，迟美娜、李持恒译：《浴火重生：杰出领导者如何走出职场灾难》，商务印书馆，2012年。
7. [美]尼古拉斯·克里斯塔基斯、[美]詹姆斯·富勒著，简学译：《大连接：社会网络是如何形成的以及对人类现实行为的影响》，中国人民大学出版社，2012年。
8. [美]B. 约瑟夫·派恩、[美]詹姆斯·H. 吉尔摩著，毕崇毅译：《体验经济》，机械工业出版社，2016年。
9. [美]蒂姆·科勒、[荷]马克·戈德哈特、[美]戴维·威塞尔斯著，高建、魏平、朱晓龙等译：《价值评估：公司价值的衡量与管理》（第4版），电子工业出版社，2007年。
10. [美]埃斯瓦斯·达莫达兰著，李必龙、李羿、郭海等译：《估值：难点、解决方案及相关案例》，机械工业出版社，2013年。
11. [英]乔·蒂德、[英]约翰·贝赞特著，陈劲译：《创新管理：技术变革、市场变革和组织变革的整合》（第 4 版），中国人民大学出版社，2012 年。

12. ［美］杰拉德·卡桑、［美］克里斯蒂安·特维施著，任建标译：《运营管理：供需匹配的视角》（第 2 版），中国人民大学出版社，2013 年。

13. ［美］理查德·L. 史密斯、［美］珍妮特·奇霍姆·史密斯著，高建、滕飞等译：《创业金融》（原书第 2 版），机械工业出版社，2011 年。

14. ［美］安德鲁·梅特里克著，贾宁等译：《创业资本与创新金融》，机械工业出版社，2011 年。

15. 彭剑锋主编：《人力资源管理概论》（第二版），复旦大学出版社，2011 年。

16. ［美］亚伯拉罕·马斯洛著，许金声等译：《动机与人格》（第 3 版），中国人民大学出版社，2013 年。

17. ［美］戴维·格拉德斯通、［美］劳拉·格拉德斯通著，复旦大学中国风险投资研究中心译：《风险投资操作手册》，北京大学出版社，2008 年。

18. ［瑞士］马丁·黑米格著，复旦大学中国风险投资研究中心译：《风险投资国际化》，复旦大学出版社，2005 年。

19. 孙科柳：《华为绩效管理法》，电子工业出版社，2014 年。

20. ［美］查尔斯·希尔著，王蔷等译：《国际商务》（第 9 版），中国人民大学出版社，2013 年。

21. 黄丹、余颖编著：《战略管理：研究注记·案例》（第 2 版），清华大学出版社，2009 年。

22. 马佳琳主编：《电子商务云计算》，北京理工大学出版社，2017 年。

23. 王良明：《云计算通俗讲义》（第 2 版），电子工业出版社，2017 年。

24. 杨欢：《云数据中心构建实战：核心技术、运维管理、安全与高可用》，机械工业出版社，2014 年。

25. 汤兵勇主编：《云计算概论：基础、技术、商务、应用》（第 2 版），化学工业出版社，2016 年。

26. ［美］菲利普·科特勒、凯文·莱恩·凯勒著，何佳讯等译：《营销管理》（第 15 版），格致出版社，2016 年。

27. 余明阳、朱纪达、肖俊崧：《品牌传播学》（第二版），上海交通大学出版社，2016 年。

28. 上海交通大学 EMBA 项目编:《盈利模式 4.0:网络时代企业盈利模式新突破》,机械工业出版社,2012 年。
29. 中国互联网络信息中心:《第 40 次中国互联网络发展状况统计报告》,2017 年 7 月。
30. 阿里云生态、阿里云研究中心及移动信息化研究中心:《2017 中国 SaaS 用户研究报告》,2017 年 7 月。

致　谢

新冠病毒肆虐神州，将人围堵在室内，健身和读书成了不二选择。在与外界隔绝的日子里，笔者也终于可以沉下心来思索自己在日常业务、企业管理和投资中的利弊得失，并倾吐于笔端，希望不辜负这难得的悠长假期。

感谢我的妻子，在我写作期间她承担了所有的家务，同时还要面对督促孩子网络学习的各种无奈，其默默的付出是对我的最大帮助。儿子在疫情期间也成长和成熟起来，能够积极乐观地面对封闭生活的压抑，并且天天弹奏吉他让我这个外行老爸给予好评，他还与我相约一起好好读书。妻子和儿子给了我前行的动力和乐趣。

我还必须感谢我的亲人们，尤其是远在故乡的父母。父亲虽然身患绝症，但每天早上都发来的问候微信以及嘹亮的歌声是对家庭成员最大的精神抚慰，他的坚强、对生命之豁达和乐观精神是家族最宝贵财富。父母秉承的"但行好事莫问前程"的人生信条，是儿女为人处世的圭臬。从孩童时起我的每一点进步和成绩都是父母快乐的源泉之一，谨以此书作为让你们欣慰的又一成果，你们的快乐是我最大的心愿！感谢姐姐、姐夫、两位哥哥及嫂子在家乡对二老无微不至的照料，使得不能在膝前尽孝的我能够在疫情封闭中不至过分担忧和愧疚。

最后，感谢众多的客户及美容业的朋友们，是你们使我更深刻地领悟到企业经营之道并见识到丰富多彩的案例。本书乃有感而发，是总结、是反思也是展望，感谢你们多年的支持与厚爱，我将把与你们共同工作及奋斗的岁月铭记于心。

史建富

2022 年 5 月于上海川杨河畔

图书在版编目(CIP)数据

说"道"做到：美容企业的经营管理之道 / 史建富著． — 上海：上海社会科学院出版社，2022
ISBN 978 - 7 - 5520 - 3962 - 7

Ⅰ．①说… Ⅱ．①史… Ⅲ．①美容—服务业—商业企业管理 Ⅳ．①F719.9

中国版本图书馆 CIP 数据核字(2022)第 169124 号

说"道"做到：美容企业的经营管理之道

著　　者：	史建富
责任编辑：	蓝　天
封面设计：	周清华
出版发行：	上海社会科学院出版社
	上海顺昌路 622 号　邮编 200025
	电话总机 021 - 63315947　销售热线 021 - 53063735
	http：//www.sassp.cn　E-mail：sassp@sassp.cn
排　　版：	南京展望文化发展有限公司
印　　刷：	上海市崇明县裕安印刷厂
开　　本：	890 毫米×1240 毫米　1/32
印　　张：	8.25
字　　数：	168 千
版　　次：	2022 年 11 月第 1 版　2022 年 11 月第 1 次印刷

ISBN 978 - 7 - 5520 - 3962 - 7/F・717　　　定价：58.00 元

版权所有　翻印必究